Ghid de conversaţie
coreean-român

루마니아어 회화 사전

엄 태 현 지음

1945

문예림

엄 태 현

    1995년 한국외대 루마니아어과를 졸업하였으며 이후 동 대학원에서 석사과정 수료중 루마니아로 유학을 떠났다. 2000년 부쿠레슈티 대학교 현대 루마니아어과에서 어문학 박사학위를 취득하였으며 이후 현재까지 한국외대 루마니아어과에서 강의와 연구 활동을 하고 있다. 루마니아어 언어학 가운데 특히 어휘론 분야에 많은 관심을 가지고 있으며 이외 루마니아 근대사와 민속에도 많은 관심을 가지고 연구를 진행하고 있다. 동시에 한국 문학에 대한 루마니아어 번역가로 활동하고 있으며 〈서정주 시선집〉, 〈황순원 단편선〉, 〈구운몽〉, 〈나는 나를 파괴할 권리가 있다〉, 〈엄마를 부탁해〉 등을 루마니아어로 번역하였고 루마니아어 언어학 전공서적인 〈루마니아어의 구조와 역사〉를 한국어로 번역하였다. 이외 루마니아 언어학 분야 및 민속학 분야에 관련된 40여 편의 논문을 저술하였다.

루마니아어 회화 사전

초판 1쇄 인쇄 | 2013년 9월 20일
초판 1쇄 발행 | 2013년 9월 30일

저 자 | 엄 태 현
발행인 | 서 덕 일
발행처 | 도서출판 문예림
출판등록 | 1962년 7월 12일 제 2-110호
주소 | 서울 광진구 군자동 1-13호 문예하우스 101호
전화 | 02-499-1281~2
팩스 | 02-499-1283
http://www.bookmoon.co.kr
E-mail | book1281@hanmail.net

ISBN 978-89-7482-747-2 (13790)

책머리에

굴절어인 루마니아어는 그 특성상 명사 체계에서 성, 수, 격에 따른 어미변화를 보이며 이에 따라 한정사 역시 같이 변화하는 언어이다. 예를 들어, '이것'과 '저것'을 나타내는 지시형용사-지시대명사의 곡용 형태는 구어체 표현까지 더하면 대략 70개가 넘는 형태를 가질 수 있다. 동사 역시 이와 같은 특성을 피해갈 수 없는 부분이다. 극단적인 예를 들면, 동사 하나가 200개가 넘는 활용 형태를 가질 수 있다고 할 수 있다. 이러한 언어학적 현실에 비추어 볼 때 「회화사전」이라는 형태로 루마니아어를 배우는 것이 가능할까라는 의문이 드는 것이 사실이다. 하지만 이러한 특성을 보이는 언어가 비단 루마니아어뿐만이 아니며 이렇게 어려운 언어일수록 이에 접근하기 위한 다양한 접근 방법이 시도되는 것이 바람직하는 생각에 본 회화사전의 저술을 시작하였다.

본 회화 사전은 앞서 언급한 루마니아어의 특성을 감안하여 높은 "빈도수"의 어휘와 표현을 위주로 사전을 구성한다는 전략을 취하고 있다. 대부분의 언어가 그렇듯이 루마니아어 어휘 역시 빈도수가 높은 어휘와 빈도수가 낮은 어휘로 구분될 수 있는데 본 회화 사전에서 사용된 어휘는 대부분 빈도수가 매우 높은 어휘로 구성되었다. 어휘와 함께 사용되는 표현에 있어서도 빈도수가 높은 가장 흔히 사용되는 전형적인 표현을 담음으로써 최대한 효율적으로 언어학습이 이루어지도록 내용을 구성하였다. 하지만, 그럼에도 불구하고 인칭, 시제, 법, 태 등에 따른 동사의 변화 형태와 성, 수, 격에 따른 명사, 대명사, 형용사의 변화 형태는 피할 수 없는 것이어서 간단한 문법 요약을 통해서 이를 설명하였다. 따라서 초기의 학습 단계에서는 단순히 이 책의 표현을 따라 하면서 암기하고 루마니아어에 익숙해진 이

후에는 문법적인 사항을 학습한다면 좀 더 정확하고 풍성한 루마니아어를 구사할 수 있을 것이라 생각된다.

본 회화 사전은 처음 루마니아어를 학습하는 사람도 혼자서 공부할 수 있도록 모든 텍스트의 하단에 루마니아어 발음을 표기하였다. 루마니아어의 한국어 표기는 국립국어원의 외래어 표기규정을 따르는 것이 원칙이나 소수언어로서의 루마니아어의 특징을 고려하여 그리고 이 책을 사용하려고 하는 독자들의 실용적인 목적을 고려하여 가장 루마니아어 원어에 가까운 한국어 발음을 표기하였다. 향후 루마니아어에 대한 이해의 정도가 높아지면서 옳바른 발음에 대해서도 자연스럽게 익숙해지리라 생각된다.

본 사전은 처음 루마니아어를 접하는 일반 사회인은 물론 루마니아어를 공부하는 전공 학부생들에게도 작은 도움이 될 수 있을 것으로 기대하는 바이다.

2013년 8월

저자 엄 태 현

Contents

Contents

 II   상황별 표현

장소별 표현

Contents

 Ⅳ 주제별 표현

① 알파벳

루마니아어의 알파벳은 8(+1)개의 모음과 19개의 자음으로 구성되어있다.

8개의 모음 가운데 î(î din i)와 â(â din a)는 정확히 같은 음가를 가지고 있으나 단어내에 위치에 따라 두 개 가운데 하나의 형태로 사용된다.[2)]

따라서 7개의 모음가를 가지고 있으며 여기에 추가해서 아주 짧게 발음되는 반모음 (i)가 추가될 수 있다.

자음에 있어서 19개의 루마니아어 자음외에 외래어 표기에 사용되는 K(k), Q(q), W(w), Y(y)를 추가적으로 언급할 수 있으나 그것이 사용되는 경우는 매우 제한적이다.

루마니아어 자모를 쓰면 다음과 같다:

---

1) 발음, 강세 부분은 Ion Coteanu의 Structurile şi evoluţia limbii române : de la origini până la 1860 (루마니아어의 구조와 역사: 기원부터 1360년까지)를 참고하였으며 문법 부분은 G. Brâncuş외 2명의 Limba română : Manual pentru studenţii străini (외국 학생을 위한 루마니아어 교재), Angela Bicu-Vrăceanu외 4인의 Dicţionar de ştiinţe ale limbii(언어학 사전), Gabriela Pană Dindelegan의 Elemente de Gramatică(문법적 요소들)를 참고하였다.

2) 단어의 제일 첫자리와 제일 마지막 자리에는 모음 î가 사용되며 그 이외의 자리에는 모음 â가 사용된다. 이는 단어의 곡용이나 활용, 품사전환과 같은 변형에 의한 어미 변화의 경우에도 해당된다. 예) 동사 a coborî (내려가다)의 경우 현재 1인칭은 coborî 형태로 사용되나 복합과거 1인칭의 경우 am coborât 명사형 coborâre 등으로 사용된다.

대문자	소문자	대문자	소문자	대문자	소문자	대문자	소문자
A	a	F	f	N	n	Ţ	ţ
Ă	a	G	g	O	o	U	u
Â	î	H	h	P	p	V	v
B	b	I	i	R	q	X	x
C	c	J	j	S	s	Z	z
D	d	L	l	Ş	ş		
E	e	M	m	T	t		

② 발음

루마니아어는 표음문자로 몇 개의 특수 문자를 제외하고는 쓰는 그대로 읽으면 된다. 본 사전에서는 발음을 모음과 자음으로 분리하여 설명한다.

- 모음의 발음: a=[아], ă=[어], â=[으], e=[에], i=[이], î=[으], o=[오], u=[우]로 각각 발음된다. 물론 한국어 발음과 완전히 동일하지는 않지만 대략 이와 비슷하게 발음된다.

8개의 모음들은 앞서 설명한 바와 같이 î, â를 제외하고는 단어 내에서 어느 위치이든 차지할 수 있다. 하지만 "ă"의 경우 단어의 첫 부분에 자리하는 경우는 극히 드물다 (ăsta, ăla 등 일부).

첫음절에 위치한 "e" 가운데 주격 인칭대명사 eu(나), el(그), ea(그녀), ei(그들), ele(그녀들) 및 a fi e동사의 eşti(2인칭 단수), este(3인칭 단수)는 마치 모음 "e" 앞에 모음 "i"가 포함된 것처럼

[에]가 아니라 [예]로 읽는다.[3]

초 단모음 "i"는 자음 다음의 마지막 부분에만 나타난다: cartofi, pomi, bani, brazi 등. 이들은 대부분 남성 명사의 복수형을 나타내는 어미이며 이 모음은 하나의 음절을 구성하지 못한다.

한국어 발음과 비교하여 설명할 때, 중설 고모음 "ă"는 [어]로 발음되고 중설 중모음 "â"는 [으]로 발음되는 것으로 설명할 수 있으나 루마니아어에서 이 두 음의 차이는 아주 적어서 때로는 비슷하게 들리기도 한다.

조음은 입의 앞부분에서 e와 i가 이루어지며(전설모음), 뒷부분에서 o와 u (후설모음)가 이루어지고 중간 부분에서 a, ă, â(중설모음)가 이루어진다. 가장 많이 닫힌 소리는 i이며, 가장 많이 열린 소리는 a이다.

• 자음의 발음: b =[베], c=[체], d=[데], f=[페], g=[제], h=[하쉬], j=[제], l=[레], m=[메], n=[네], p=[페], r=[에르], s=[세], ş=[쉐], t=[떼], ţ=[쩨], v=[베], x=[익스], z=[제]로 각각 발음된다.

자음 b, c, d, g, p, t는 파열음으로 발음된다. 이 가운데 c와 g는 모음 전설모음인 e와 i 앞에서는 파찰음으로 발음 된다. 따라서 기타의 모음 앞에서 ca(까), că(꺼), cî(끄), câ(끄), co(꼬), cu(꾸)로 발음되는데 비해서 전설모음 앞에서는 ce(체), ci(치)로 발음된다. g 역시 기타의 모음 앞에서 ga(가), gă(거), gî(그), gâ(그), go(고), gu(구)로 발음되는것에 비해서 전설모음 앞에서는 ge(제), gi(지)로 발음된다.

자음 f, s, v, z는 마찰음으로 발음되고 m, n은 비음으로 발음된다.

---

3) 이것은 루마니아어의 발달사과정에서 나타나는 특징이다.

자음 r은 영어의 r 발음과는 달리 전동음으로써 혀끝이 입천장에 닿지 않은 상태에서 입안에서 떨리면서 발음되며, l발음은 설측음으로써 혀끝이 입천장에 닿은 상태에서 혀의 양쪽 사이로 바람이 나가면서 만들어진다. 자음 ş, j 치측마찰음, 자음 ţ는 파찰음으로 발음된다.

③ 강세 규칙

루마니아어에서 강세의 위치는 다양하게 나타난다. 강세는 곡용, 활용 등 문법적 변화 형태에 따라서 이동할 수 있으며, 파생어인가 아닌가 등 어휘의 조어론적 특징에 따라서 변화할 수도 있다. 특정 규칙을 언급할 수 없을 만큼 다양하지만 그럼에도 불구하고 몇 가지 간단한 규칙을 알아두는 것은 루마니아어에 학습에 도움이 될 것으로 사료되는 바 이글에서는 기본적인 원칙을 위주로 설명한다. 비록 많은 예외가 있다고 하더라도, 아래의 규칙 Ⅰ, Ⅱ, Ⅲ은 강세에 있어서 상당히 폭넓은 부분을 차지하고 있다.

규칙 Ⅰ.

자음으로 끝나는 단어와 그것의 문법적 변화형태는 마지막 음절에 강세가 있다: ex. actor, ascultat, bătrân, bătrâncios, carton, dermatolog, eveniment, fărâmiţând, ghinionist, hotărâtor, înspăimântător, mâner등.

다음은 규칙 Ⅰ의 예외들이다:
1) 어미가 −ic로 끝나는 경우 강세는 이 어미의 앞에 떨어진다:

ex) acrobatic, arsenic, autentic, bombastic, casnic, democratic, elastic, fantomatic, iernatic, lunatic, muieratic, năvalnic, public, romanic, sălbatic, tiranic, unic, veşnic, zadarnic, zănatic 등.

2) 2음절 이상 –bil을 어미로 끝나는 단어는 이 어미 앞에 강세가 떨어진다:

ex) acceptabil, casabil, durabil, evaluabil, favorabil, guvernabil, irascibil, maniabil, onorabil, posibil, regretabil, sociabil, tratabil, vulnerabil 등; 2음절어 가운데 stabil의 경우 때때로 a에 강세가 있기도 하며 3음절 단어 가운데에서 강세가 마지막에 있는 형용사 imobil(움직이는)은 뒤에서 두 번째에 강세가 있는 명사 imobil(건물)과 구별되어진다.

3) –et, –ăt, –ed로 끝나는 일련의 2음절 단어들은 첫 번째 음절에 강세가 있다:

ex) baschet, deget, foşnet, pocnet, răcnet, rânhet, scrâşnet, suflet, sunet, trăznet, tunet, umblet, urlet, zumzet, fraged, muced, durăt, ţipăt, strigăt, zbierăt 등. (다른 단어들은 마지막에 강세가 있다: brădet, brunet, carnet, colet, cotlet, făget, pachet).

4) 분명한 음성학적 특성이 없는 단어들도 존재한다:

ex) ager, cosmoc, doctor, factor, martor, morcov, murmur, singur, susur, tartor, tovarăş, ţurţur, ungur, vifor, vultur 등.

규칙 Ⅱ.

자음 혹은 자음군을 앞에 두고 모음으로 끝나는 단어의 경우

일반적으로 뒤에서 두 번째 음절에 강세가 떨어진다:

> ex) afară, boiereşte, casă, dilemă, elevă, făptură, gară, iarnă, învăţătoare, limpezime, mânjeşte, năpastă, ospeţe, prosteşte, româneşte, salatieră, ştafetă 등.
>
> (-oaică로 끝나는 명사의 경우 강세는 a에 있다: arăboaiciă, boieroaică, cerboaică, englezoaică, franţuzoaică, lupoaică, tigroaică, ursoaică 등)

다음은 규칙 II의 예외들은 다음과 같다:

1) -ică의 어미로 끝나는 단어 가운데 자음 혹은 자음군이 이 어미에 전치하는 경우 이 어미의 앞에 강세가 온다: arabică, autentică, biserică, casnică, chimică, democratică, fantastică, mimică, muzică, nautică, ohabnică, politică, romanică, sarică, tipică, zadarnică (남성-여성 대칭성을 보기 위해서는 I-1 예 참고);

2) -iţă로 끝나는 일련의 명사 어미 가운데 마지막 두 번째가 아닌 그 앞에 강세가 떨어지는 경우; 예를 들어, odăiţă와 trâmbiţă의 비교가 가능하다. 이와 같은 예들은 다음과 같다: babiţă, belditţă, cabaniţă, draniţă, gaiţă, graniţă, igliţă, inariţă, jintiţă, meliţă, poliţă, raniţă, straiţă, uliţă, varniţă 등; gărgăriţă, diavoliţă 등의 예는 위의 규칙도 준수하지 않는다.

3) -a, -ea로 끝나는 단어 가운데 마지막 모음에 강세가 있는 단어들: aba, acadea, basma, boccea, cafea, dambla, dairea, furda, gaga, iofca 등;

4) -işte로 끝나는 일련의 단어들 가운데 이 어미 앞의 음절에 강세가 있는 것들: branişte, inişte, linişte, mirişte, pajişte, rarişte, silişte, vraişte 등;

규칙 Ⅲ.

 이중모음으로 끝나는 단어는 마지막 음절에 강세가 있다: ex. băgău, călău, dulău, făgădău, halău, lingău, mâncău, nătărău, şalău, tăntălău, lălâu, molâu, buboi, butoi, cotoi, fătoi, gunoi, lădoi, mierloi, ţurloi, zăvoi,; amărui, brădui, căprui, cucui, ţugui, vătui 등.

 -iu로 끝나는 색깔을 나타내는 형용사도 강세가 주어진다: auriu, cărămiziu, cenuşiu, limoniu, maroniu, naramziu, portocaliu, prăzuliu, vişiniu 등.

다음은 예외들이다:

1) 어미가 -cie, -gie, -grafie로 끝나는 경우.

 -cie : boccie, căsnicie, farnacie, haiducie, mucenicie, numernicie, rodnicie, sărăcie, vornicie, zădărnicie 등.

 -gie : alergie, chirurgie, demagogie, nevralgie, orgie, regie, urgie 등;

 -grafie: biografie, catagrafie, geografie, plastografie, pornografie 등;

2) -aie로 끝나는 명사들 가운데 규칙 Ⅱ를 따르는 단어들: ex. apăraie, baie, buboaie, claie, copaie, gaie, droaie, foaie, hămălaie, odaie, ploaie, văpaie 등.

3) -ie로 끝나는 일련의 단어들 가운데 이 어미의 앞에서 강세가 떨어지는 경우: arie, bâzdâganie, colecţie, corabie, dalie, decizie, efracţie, fundaţie, gravitaţie, invidie, lecţie, miliţie, oraţie, perie, raţie, rodie, serie, turaţie, utrenie, vibraţie, zodie 등.

4) –iu로 끝나는 명사 가운데 이 어미 앞에서 강세를 받는 경우:
ex. consiliu, detaliu, oficiu, prejudiciu, studiu, travaliu 등.

④ 문법

Ⅰ. 명사(Substantivul)

　루마니아어의 명사는 성(gen)과 수(număr)의 범주에 의해서 명확히 구분되는 특징을 가지고 있다. 이때의 성은 문법적인 성으로서 남성, 여성, 중성이 존재하며, 수에는 단수형과 복수형이 존재한다.

　명사의 성이 문법적인 분류라 하더라도 어떤 명사가 생물학적 성과 관련된 경우는 대부분 생물학적 성을 따른다. 명사는 보통 성과 수에 따른 규칙적인 형태를 취하고 있으며 이는 어미를 통해서 나타나기 때문에 어미의 형태를 통한 성과 수의 파악이 어느 정도 가능하다. 하지만 불규칙 형태도 있어서 주의를 기울여야 하며 특히 빈도수가 높은 명사의 경우 그 형태가 불규칙적인 경우가 많다. 중성의 경우 대부분 사물을 나타낸다는 의미적 특성을 보이기도 한다.

　명사 자체는 일반적으로 격(cazul)에 따른 변화를 하지는 않는다. 단, 통속 라틴어의 영향으로, 여성 단수형인 명사의 경우 소유격과 여격 형태로서 여성명사의 복수형을 취하고 있다. 이는 루마니아어의 어법을 좀 더 복잡하게 만드는 요소이며 정확한 루마니아어의 사용을 위해서는 특히 주의를 기울여야 하는 부분이기도 하다. 단수 여성명사의 소유격-여격이 형태상 여성복수를 취하고 있기 때문에 이 경우 한정사는 여성 복수형으로 일치시킨다.

　성과 수를 보여주는 규칙적인 어미의 형태는 다음과 같이 정리할 수 있다.

성	단수	복수
남성	−자음	−i (자음에 −i 추가)
	−u	−i (−u를 −i로 대체)
	−e	−i (−e를 −i로 대체)
중성	−자음	−e (자음에 −e 추가) −uri (자음에 −uri로 대체)
	−u	−e (−u를 −e로 대체) −uri (−u를 −uri로 대체)
	−(i)u	−(i)i [−(i)u를 −(i)i로 대체]]
여성	−ă	−e (−ă을 −e로 대체) −i (−ă을 −i로 대체)
	−e	−e (−e를 −i로 대체)
	−ea −a	−ea (−ea를 −le로 대체) −a (−a를 −le로 대체)

Ⅱ. 관사(Articolul)

1. 부정관사

　부정관사는 명사의 성과 수에 따라서 정해지며 명사의 앞에 위치한다. 부정관사는 의미상 특정하게 지시되지 않은 즉, 불특정

한 대상을 나타낸다. 일부 형태에서 소유격 혹은 여격을 나타내는 표지로 사용된다. 다음은 성-수-격에 따른 부정관사의 형태이다.

	단수			복수		
	남성	중성	여성	남성	중성	여성
주격, 목적격	Un		o	Nişte		
소유격, 여격	Unui		unei	Unor		

2. 정관사

정관사는 명사의 성과 수에 따라서 정해지며 명사의 뒤에 위치한다. 후치정관사는 발칸어로서 루마니아어가 가지는 큰 특징 가운데 하나이다. 정관사는 의미상 특정하게 지시되는 대상을 나타낸다. 정관사는 형태상 명사의 어미에 따라서 다소 차이가 발생한다. 정관사는 소유격 혹은 여격에서 격을 표현하는 표지로 사용된다. 다음은 성-수-격에 따른 정관사 형태이다.

	단수		복수	
	남성, 중성	여성	남성	중성, 여성
주격, 목적격	-(u)l, -le	-(u)a	-i	-le
소유격, 여격	-(u)lui	-i	-lor	

Ⅲ. 형용사

 명사, 대명사를 수식하는 한정사로 사용되는 형용사는 그 명사, 대명사의 성과 수에 일치해야 한다. 문장내에서 연계동사와 함께 술어부를 구성하는 형용사는 주어의 성과 수에 일치되어야 한다.

 형용사는 원래의 성질이 형용사인 경우와 동사의 과거분사 형태가 품사변형을 통해서 형용사로 활용되는 경우로 나누어질 수 있다. 전자의 경우 성과 수에 따라서 4가지, 3가지, 2가지 형태를 가질 수 있으며 경우에 따라서 불변형으로 사용될 수도 있는 반면 후자, 즉 동사에서 파생된 형용사의 경우 모두 성과 수에 따른 4가지 변화 형태를 가진다.

 대부분의 형용사의 남성 단수형태는 같은 의미의 부사로도 사용된다. 물론 그렇지 않은 경우도 존재한다.

Ⅳ. 대명사

 루마니아어에서 대명사의 형태는 대단히 다양하고 복잡하기 때문에 많은 주의가 요구된다. 대명사의 종류로 인칭대명사, 재귀대명사, 지시대명사, 부정대명사, 의문대명사 등이 있다. 이 가운데 인칭대명사와 재귀대명사는 대명사로만 사용되나 그 외의 대명사는 형용사와 같은 형태 혹은 이와 거의 비슷한 형쾌를 취하고 있어서 이에 주의하여야 한다. 대명사와 형용사는 문장에서 완전히 다른 기능을 하게 되기 때문이다.

1. 인칭대명사

 인칭대명사는 사람 혹은 3인칭에서 사물을 나타내는 대명사로
사용될 수 있다.

 인칭대명사의 격은 주격, 소유격, 여격, 목적격의 4가지 격으
로 표현된다. 단, 이 가운데 소유격은 3인칭 단-복수 형태로만
존재하며 다른 인칭의 경우 소유형용사(Adjectivul posesiv)를 사
용하거나 소유의 여격(Dativul posesiv)을 사용한다.

 여격과 목적격은 비강세형과 강세형이라는 두 가지 형태를 가
지고 있으며 이것은 특별한 규칙에 의해서 사용된다. 하나의 절
에서 강세형은 비강세형의 보조수단으로 사용되기 때문에 강세
형이 단독으로 여격 혹은 목적격 인칭대명사로 사용될 수 없으
며 반드시 비강세형과 함께 사용되어야 한다. 하나의 절에서 동
사를 중심으로 인칭대명사의 비강세형과 강세형의 어순은 결정
되어있는데 1) 비강세형+동사+강세형 [ex. mă(비강세형)
iubeşte(동사) pe mine(강세형)] 혹은 2) 강세형+비강세형+동사

격 인칭	주격	소유격	여격		목적격	
			비강세형	강세형	비강세형	강세형
1인칭	eu	X	îmi	mie	mă	mine
2인칭	tu	X	îţi	ţie	te	tine
3인칭 남성	el	lui	îi	lui	îl	el
3인칭 여성	ea	ei		ei	o	ea
4인칭	noi	X	ne	nouă	ne	noi
5인칭	voi	X	vă	vouă	vă	voi
6인칭 남성	ei	lor	le	lor	îi	ei
6인칭 여성	ele				le	ele

[ex. pe mine(강세형) mă(비강세형) iubeşte(동사)]의 어순이 지켜
져야한다. 부사구, 전치사구 등 하나의 어구에서 전치사의 목적
어 등으로 인칭대명사가 단독으로 사용될 경우 강세형이 사용되
어야 한다[ex. pentru(전치사) el(목적격 인칭대명사 강세형)].

2. 재귀대명사

재귀대명사는 재귀태를 형성하는데 사용되는 대명사의 일종으
로 여격과 목적격으로 존재한다. 형식상 같은 인칭의 [재귀대명
사+동사]라는 조합은 재귀태를 형성한다.

한 문장에서 재귀대명사의 인칭과 동사의 인칭이 동일하다는
형식이 가능한 것은 논리상 문장내에서 동사가 가지는 직접 목
적어 혹은 간접 목적어가 주어와 일치하는 경우라 할 수 있다.
단, 재귀태가 취하고 있는 형식상의 논리와 달리 모든 재귀태가
재귀적 의미로만 사용되는 것이 아니다.

루마니아 언어학에서는 재귀대명사를 하나의 대명사적 접어
(Clitic pronominal)로 인정함으로써 이 접어가 다양한 의미적 기
능을 하는 것으로 설명하고 있는데, 그 기능에는 수동적 기능,
동사의 어휘적 특성상 사람인 주어가 존재할 수 없는 비인칭 기
능, 상호적 기능 등이 있다. 현대 루마니아어에서 양적인 측면에
서 볼 때 목적격 재귀대명사가 사용되는 경우의 많은 부분은 사
실상 수동적 의미를 가진다고 할 수 있다. 다음의 표는 각 인칭
별 여격 그리고 목적격 재귀대명사이다.

인칭	1	2	3	4	5	6
여격재귀대명사	îmi	îţi	îşi	ne	vă	îşi
목적격재귀대명사	mă	te	se	ne	vă	se

3. 지시대명사 및 지시형용사

지시대명사 및 지시형용사의 형태는 매우 유사하며 근거리 지시와 원거리 지시로 분리된다.

1) 근거리 지시대명사 및 지시형용사

지시 대명사 및 형용사는 성, 수, 격에 따른 곡용형태를 가지고 있다. 지시 형용사의 경우 명사에 전치 혹은 후치할 수 있으며 위치에 따라서 형태를 달리한다. 단 소유격 및 여격의 경우 한정하는 명사에 항상 전치한다.

【지시대명사】

	단수			복수		
	남성	중성	여성	남성	중성	여성
주격, 목적격	acesta		aceasta	aceştia	acestea	
소유격, 여격	acestuia		acesteia	acestora		

ex) Acesta este frumos. (이것은 아름답다.)

【지시형용사 – 명사에 전치하는 경우】

	단수			복수		
	남성	중성	여성	남성	중성	여성
주격, 목적격	acest		această	aceşti	aceste	
소유격, 여격	acestui		acestei	acestor		

ex) Acest student este frumos (이 학생은 잘생겼다)

【지시형용사 – 명사에 후치하는 경우 (지시대명사와 형태 같음)】

	단수			복수		
	남성	중성	여성	남성	중성	여성
주격, 목적격	acesta		aceasta	aceştia		acestea
소유격, 여격	acestuia		acesteia	acestora		

ex) Studentul acesta este frumos. (이 학생은 잘생겼다.)

* 지시형용사에 전치하는 명사에는 정관사가 붙는다.

【지시대명사 및 지시형용사 구어체 형태 (형용사의 경우 후치형으로만 사용됨)】

	단수			복수		
	남성	중성	여성	남성	중성	여성
주격, 목적격	ăsta		asta	ăştia		astea
소유격, 여격	ăstuia		ăsteia	ăstora		

ex) ăsta 이것 (지시대명사)

　　studentul ăsta 이 학생 (지시형용사)

2) 원거리 지시대명사 및 지시형용사

【지시대명사】

	단수			복수		
	남성	중성	여성	남성	중성	여성
주격, 목적격	acela		aceea	aceia		acelea
소유격, 여격	aceluia		aceleia	acelora		

ex) Acela este frumos. (저것은 아름답다.)

【지시형용사 – 명사에 전치하는 경우】

	단수			복수		
	남성	중성	여성	남성	중성	여성
주격, 목적격	acel		acea	acei	acele	
소유격, 여격	acelui		acelei	acelor		

ex) Acel student este frumos. (저 학생은 잘생겼다.)

【지시형용사 – 명사에 전치하는 경우 (지시대명사와 형태 같음)】

	단수			복수		
	남성	중성	여성	남성	중성	여성
주격, 목적격	acela		aceea	aceia	acelea	
소유격, 여격	aceluia		aceleia	acelora		

ex) Studentul acela este frumos. (저 학생은 잘생겼다.)

【지시대명사 및 지시형용사 구어체 형태 (형용사의 경우 후치형으로만 사용됨)】

	단수			복수		
	남성	중성	여성	남성	중성	여성
주격, 목적격	ăla		aia	ăia	alea	
소유격, 여격	ăluia		ăleia	ălora		

ex) ăla 저것 (지시대명사)

studentul ăla 저 학생(지시형용사)

3) 최대 원거리 지시대명사 및 지시형용사 ("다른 어떤 대상"을 지시한다)

	단수			복수		
	남성	중성	여성	남성	중성	여성
주격, 목적격	celălalt		cealaltă	ceilalţi		celelalte
소유격, 여격	celuilalt		celeilalte	celorlalţi		celorlalte

형용사로 사용될 때 명사에 전치 혹은 후치할 수 있으며 형태의 변화가 없다. 이 형용사가 수식하는 명사가 형용사에 전치할 때 그 명사에는 정관사가 포함되지만 후치하는 명사에는 정관사가 포함되지 않는다. 형용사와 대명사의 형태가 같다.

ex) celălalt 다른 것; celelalte studente 다른 여학생들;
　　 studentele celelalte 다른 여학생들

4) 동일대상을 나타내는 대명사 혹은 형용사

	단수			복수		
	남성	중성	여성	남성	중성	여성
주격, 목적격	acelaşi		aceeaşi	aceiaşi		aceleaşi
소유격, 여격	aceluiaşi		aceleiaşi	aceloraşi		

대명사와 형용사의 형태가 같다. 형용사로 사용되는 경우 명사에 전치한다.

ex) acelaşi 같은 것; acelaşi student 같은 학생

4. 소유대명사 및 소유형용사

소유형용사가 소유관사가 함께 사용될 경우 즉, [소유관사+소유형용사] 형태로 사용될 경우 소유대명사의 기능을 하게된다. 소유관사와 소유형용사는 성과 수에 따른 형태를 가지고 있으며 소유 대상 (즉 소유형용사가 한정하는 대상)의 성과 수에 일치시켜야 한다. 소유대명사의 형태에서 소유관사와 소유형용사의 성과 수는 항상 일치한다. 소유하는 주체의 성과 수가 아니라 소유되는 대상물의 성과 수에 일치한다는 점이 중요하다. 예를 들어, "그의 책"을 나타내는 "cartea sa"에서 소유의 주체는 남성이지만 소유대상이 여성단수명사이므로 이것을 소유대명사로 여성단수인 표현한다면 "a sa"로 나타내야 한다.

【소유형용사】

수성 인칭	단수			복수		
	남성	중성	여성	남성	중성	여성
1	meu		mea	mei		mele
2	tău		ta	tăi		tale
3	său		sa	săi		sale
4	nostru		noastră	noştri		noastre
5	vostru		voastră	voştri		voastre
6	X		X	X		X

【소유관사】

단수			복수		
남성	중성	여성	남성	중성	여성
al		a	ai		ale

5. 의문대명사 및 의문형용사

1) ce 무엇

ce는 의문형용사 및 의문대명사로 사용이 가능하다. 성과 수에 따른 변화형은 없으며 형용사와 대명사에서 형태가 같다.

ex) Ce a citit? 그는 무엇을 읽었니? (의문대명사)

Ce carte a citit? 그는 무슨 책을 읽었니? (의문형용사)

2) cât 얼마나 많이

cât는 대명사와 형용사 형태로 존재하며 성과 수에 따라서 형태가 변화한다. 단수 형태는 모두 형용사이며 복수형태에서는 대명사와 형용사가 모두 존재하고 격변화 형태도 존재한다. 그 구체적인 형태는 다음과 같다:

		단수			복수		
		남성	중성	여성	남성	중성	여성
주격, 목적격	대명사	X			câţi	câte	
	형용사	cât		câtă			
소유격, 여격	대명사	X			câtora		
	형용사				câtor		

ex. Cât timp stai? 넌 얼마 동안 머물거니? (형용사)

Câtă vreme stai? 넌 얼마동안 머물거니? (형용사)

Câţi studenţi au plecat? 몇 명의 학생이 떠났니? (형용사)

Câţi au plecat? 몇 명이 떠났니? (대명사)

3) care 어떤

care는 대명사와 형용사로 존재할 수 있다. 주격, 목적격에서는 성과 수에 따른 형태상의 변화를 나타내지 않으며 대명사와 형용사가 동일한 형태를 보이고 있다. 소유격, 여격에서는 성과 수에 따른 차이를 보이며 대명사와 형용사 사이에서도 약간의 형태적 차이를 보인다.

		단수			복수		
		남성	중성	여성	남성	중성	여성
주격, 목적격	대명사	care					
	형용사						
소유격, 여격	대명사	căruia		căreia	cărora		
	형용사	cărui		cărei	căror		

ex) Care dintre ele este bună?

그것들 가운데 어떤 것이 좋은 것입니까? (대명사)

Care student a plecat? 어떤 학생이 떠났습니까? (형용사)

Cărui student i-ai dat cartea mea?

너는 어떤 학생에게 내 책을 주었니? (형용사)

Căruia i-ai dat cartea mea?

넌 누구에게 나의 책을 주었니? (대명사)

4) cine 누구

cine는 단지 의문 대명사로만 사용되며 성과 수에 따른 차이는 없으며 격에 따른 4가지 형태를 가지고 있다.

– 주격 : cine

– 소유격 : 소유관사 +cui

– 여격 : cui

– 목적격 : pe cine

ex) Cine este ea? 그녀는 누구니? (주격)

   Cui îi dai cartea ta? 너의 책을 누구에게 주니? (여격)

   A cui este cartea aceasta? 이 책은 누구의 것이니? (소유격)

   Pe cine îl iubeşti? 너는 누구를 사랑하니? (목적격)

6. 부정대명사 및 부정형용사

   부정대명사 및 형용사는 정해지지 않은 어떤 대상을 지칭하거나 수식하는 기능을 가지고 있다. 부정대명사와 부정형용사에서 일부는 동일한 형태를 가지고 있으며 일부는 약간의 형태상 차이를 보이기 때문에 형태에 주의를 기울여야 한다. 다음은 개별 부정대명사 그리고 부정 형용사에 대한 설명이다.

1) fiecare 각각, 각각의

   주격, 목적격은 성과 수에 관계없이 fiecare 하나의 형태로 고정되어 있다. 소유격과 여격에서는 성과 수에 따른 형태상의 차이를 보인다. 이것은 형용사와 대명사로 사용될 때 형태상의 차이를 나타낸다. 형용사로 사용될 때는 명사에 전치한다. 다음은 성, 수, 격에서 나타나는 fiecare의 형태들이다.

		단수		
		남성	중성	여성
주격, 목적격	대명사	fiecare		
	형용사			
소유격, 여격	대명사	fiecăruia		fiecăreia
	형용사	fiecărui		fiecărei

ex) fiecare student (각각의 학생)

　　fiecărui student (각각의 학생에게)

　　fiecăruia (각각에게)

2) tot 모두

tot는 성과 수에 따른 변화를 보이며 소유격과 여격에서는 복수형으로만 존재한다.

	단수			복수		
	남성	중성	여성	남성	중성	여성
주격, 목적격	tot		toată	toți	toate	
소유격, 여격	X		X	tuturor		

ex) Toți studenții au plecat. (모든 학생들이 떠났다)

　　Toți au plecat. (모두가 떠났다)

3) unul과 un

　정해지지 않은 어떤 하나를 가리키는 대명사 혹은 형용사로 사용된다. 주격과 목적격 단수에서 부정대명사는 unul(남성형)과 una(여성형)로서 "하나, 한명" 등의 의미를 가진다. 주격과 목적격 단수에서 부정형용사는 un(남성형)과 o(여성형)로서 "어떤한"의 의미를 가진다. 주격과 목적격 복수에서는 부정대명사와 부정형용사는 형태가 unii (남성형)와 unele(여성형)로 같은 형태를 취하게 된다. 이들은 소유격과 여격에서 다른 형태를 가지는데 다음과 같다:

		단수			복수		
		남성	중성	여성	남성	중성	여성
주격, 목적격	대명사	unul		una	unii	unele	
	형용사	un		o			
소유격, 여격	대명사	unuia		uneia	unora		
	형용사	unui		unei	unor		

ex) un student 어떤 학생

　　unul 어떤 사람

　　unui student 어떤 학생에게

　　unuia 어떤 사람에게

4) altul과 alt

　이것은 대명사 그리고 형용사로 사용되는 것으로 다른 어떤 것이라는 의미를 가진다. 성, 수, 격에 따라 다른 형태를 보인다.

		단수			복수		
		남성	중성	여성	남성	중성	여성
주격, 목적격	대명사	altul		alta	alţii	altele	
	형용사	alt		altă	alţ	alte	
소유격, 여격	대명사	altuia		alteia	altora		
	형용사	altui		altei	altor		

ex) Vreau altă carte. 나는 다른 책을 원한다.

　　Vreau alta. 나는 다른 것을 원한다.

　　Altei fete. 다른 여자아이에게.

　　Alteia. 다른이에게.

V. 동사(Verbul)

동사는 사람이나 사물의 동작, 상태, 작용 등을 나타내는 것으로 문장의 성격을 결정하는 중심축이 된다. 특히 루마니아어에서는 주어가 생략되는 경우가 많아서 동사는 문장을 해석하는 출발점이 되는 경우가 많다. 동사는 형태론적 범주에 따라 diateza(태), modul(법) timpul(시제), persoana(인칭)로 분류될 수 있다.

동사는 그것이 문장에서 행하는 통사적 기능에 따라서 술어적 동사(대부분의 경우)와 비술어적 동사(일부 경우)로 분류된다. 비술어적 동사는 합성동사에 사용되는 조동사와 연계동사(copulativ)로 분류된다. 동사를 법(modul, 동사의 어형 변화에 의해서 문장의 내용에 대한 화자의 심적 태도를 나타내는 문법범주)에 따라 분류할 때 형태론적으로는 personal(인칭이 존재하는 법) 그리고 nepersonal(인칭이 존재하지 않는 법)로 분류되며, 통사론적으로 predicative(술어적 기능의 법)-nepredicativ(비술어적 기능의 법)로 분류된다.

하지만 예외없이 "인칭이 존재하는 법"은 "술어적 기능의 법"이라 할 수 있다. 이에 속한 것은 "직설법, 접속법, 조건-원망법, 가정법, 명령법"이다. 이 가운데 직설법에서만 [과거-현재-미래]의 시제가 표현된다. 접속법, 조건-원망법, 가정법에서는 현재형과 완료형만이 존재한다. 명령법에서는 현재형만이 존재한다.

앞의 경우와 반대로 "인칭이 존재하지 않는 법"은 "비술어적 기능의 법"이다. 이에 속하는 것에는 "부정법(infinitiv), 현재분사법(gerunziu), 과거분사법(participiu), 목적분사법(supin)이 있다. 이 가운데 과거분사법과 목적분사법은 완전히 비인칭이다. 부정법과 현재분사법은 인칭을 나타낼 형태변화는 없지만 재귀대명사나 주어 등과의 연결을 통해서 인칭을 표현할 수 있다. 예) Ei au luptat pentru a fi noi fericiți(그들은 우리가 행복하기 위해서 싸웠다).

본 사전에서는 술어적 기능의 법을 위주로 동사에 대해서 설명한다.

1. 직설법

직설법은 이루어질 수 있고 가능한 행동을 표현한다. 이것은 인칭이 존재하는 법으로 과거, 현재, 미래에서의 실제 행동을 가리킨다. 직설법 과거에는 복합과거, 단순과거, 불완료과거, 대과거의 4가지 시제가 존재하며 미래에는 미래와 전미래 시제가 존재한다. 이 가운데 대과거는 어떤 주어진 과거보다 더 과거임을, 전미래는 주어진 어떤 미래보다 더 현재에 가까운 미래임을 나타내는 비교 시제이다.

불완료과거는 동작의 반복과 지속적인 상(aspect)을 나타낸다. A cânta 동사의 1인칭 복수형을 예로 들어서 동사 직설법의 각 시제를 표현하면: cântăm(현재), cântam(불완료과거), am cântat(복합과거), cântarăm(단순과거), cântaserăm(대과거), vom cânta(미래) vom fi cântat(전미래) 를 제시할 수 있다. 직설법의 각 시제를 구체적으로 설명하면 다음과 같다:

1) 현재형(Timpul Prezent)

현재 상태의 묘사 혹은 동작, 반복적 사실, 불변의 진리, 역사적 사실, 미래, 명령 등을 표현할 수 있다. 다음은 이에 대한 예이다.

• 현재 상태의 묘사/ 동작의 설명: El merg acasă (그는 집에 간다)

- 사건의 반복: Trenul pleacă zilnic (기차는 매일 출발한다)
- 영원한 진리: Apa îngheață la 0 grade (물은 0도에서 언다)
- 역사적 사실: Din 1860 universitate se stabileşte la Bucharest (1860부터 부카레스트에 대학이 설립되었다)
- 미래: Mâine îți povestesc (내일 너에게 말해줄께)
- 명령: Spui lui! (그에게 말해)

   직설법 현재형 동사는 어미의 형태에 의해서 구분되며 이 역시 어미에 따른 활용 형태가 있다. 크게는 3가지 혹은 더 구체적으로 8개의 어미 형태로 분류되는데 여기에는 가장 보편적인 5가지 어미형태에 의한 분류를 제시한다.

   5개로 동사의 어미를 분류할 때 그 어미는 a, e, i, ea, î로 분류될 수 있다. 이 어미의 앞부분은 동사의 어간으로 활용시에 불변하는 부분이다. 하지만 이 어간 부분도 모음교체 혹은 자음교체 현상에 의한 규칙적인 변화에는 영향을 받게된다.

   다음의 표에서는 루마니아어의 동사를 어미별로 분류하고 인칭별 활용형태를 제시한다:

어미 인칭	−a		−î		−ea	−e	−i	
1	−0	−ez	−0	−ăsc	−0	−0	−0	−esc
2	−i	−ezi	−i	−ăşti	−i	−i	−i	−eşti
3	−ă	−ează	−ă	−ăşte	−e	−e	−e	−eşte
4	−ăm	−ăm	−âm	−âm	−em	−em	−im	−im
5	−ați	−ați	−âți	−âți	−eți	−eți	−iți	−iți
6	−ă	−ează	−ă	−ăsc	−0	−0	−0	−esc

ex)

어미	−a		−î		−ea	−e		−i
인칭	anunţa	lucra	coborî	hotărî	vedea	merge	ieşi	munci
1	anunţ	lucrez	cobor	hotărăsc	văd	merg	ies	muncesc
2	anunţi	lucrezi	cobori	hotărăşti	vezi	mergi	ieşi	munceşti
3	anunţă	lucrează	coboară	hotărăşte	vede	merge	iese	munceşte
4	anunţăm	lucrăm	coborâm	hotărâm	vedem	mergem	iesim	muncim
5	anunţaţi	lucraţi	coborâţi	hotărâţi	vedeţi	mergeţi	iesiţi	munciţi
6	anunţă	lucrează	coboară	hotărăsc	văd	merg	ies	muncesc

ex) El lucrează toată ziua. (그는 하루 종일 일한다.)

　　Ea vede bine. (그녀는 잘 본다.)

　　Noi muncim acasă. (우리는 집에서 일한다.)

2) 복합과거(Timpul Perfectul Compus)

복합과거는 의미상 과거의 사실에 대한 일회성, 비지속적 과거를 나타낸다. 형태상 avea 동사의 조동사 형태와 동사의 과거분사 형태의 결합을 통해서 만들어진다. 조동사 형태는 다음과 같다:

인칭	1	2	3	4	5	6
조동사	am	ai	a	am	aţi	au

ex) Am făcut (난 만들었다)

　　Ai mâncat? (너 먹었니?)

　　A citit (그는 읽었다)

3) 불완료과거(Timpul Imperfect)

불완료과거는 완성되지 못한 사실, 과거의 지속적 반복상을 나타낸다. 문체상 단순, 복합과거 등 완료상에 비해서 동시성, 현장감을 주어 소설에서의 사실 묘사에 적합하다. 다음 각 의미별 예이다:

- 과거의 상태: Ea era calmă. (그녀는 침착했었다.)
- 과거의 지속: Brânza se făcea mai tare. (치즈는 점점 더 딱딱해졌다.)
- 과거의 반복: Mergeam la munte când eram mic. (내가 어렸을 때 산에 가고는 했다.)
- 조건원망법을 대신: Mergeam la munte dacă aveam timp. (시간이 있었더라면 산에 갔을텐데.)
- 복합과거보다 더 과거: Am prins trenul care pleca peste 5 min. (난 5분전에 출발한 기차를 잡아탔다.)

불완료과거는 과거의 습관과 같은 반복적 행동이나 지속적 행동을 보여주는 시제이다. 이 과거형은 조동사를 사용하지 않으며 동사의 어미가 변화하는 형태로 이루어진다. 불완료과거형의 어미 형태는 동사의 어간에 따라 크게 두 가지로 나누어진다.

인칭	1	2	3	4	5	6
−a −î	−am	−ai	−a	−am	−aţi	−au
−ea −e −i	−eam	−eai	−ea	−eam	−eaţi	−eau

ex)

	1	2	3	4	5	6
lucra	lucram	lucrai	lucra	lucram	lucraţi	lucrau
coborî	coboram	coborai	cobora	coboram	coboraţi	coborau
merge	mergeam	mergeai	mergea	mergeam	mergeaţi	mergeau
vedea	vedeam	vedeai	vedea	vedeam	vedeaţi	vedeau
citi	citeam	citeai	citea	citeam	citeaţi	citeau

ex) Noi mergeam la ţară.

(우리는 시골에 가고는 했었다.)

El se uita la munte câteodată.

(그는 가끔씩 산을 쳐다 보았다.)

4) 대과거(Timpul Mai Mult Ca Perfect)

대과거는 어떤 한 시제가 문장 혹은 문맥의 어느 주어진 과거 시제보다 더 과거임을 나타내는 비교 시제이다. 따라서 대부분 이러한 비교점이 될 수 있는 시제와 함께 사용된다. 이 시제는 과거분사에 대과거형 어미가 첨가되는 형태를 취하는데 과거분 사의 형태에 따라서 어미에 차이가 있다. 과거분사 형태는 어미 가 "s"로 끝나는 시그마틱 형태와 "t"로 끝나는 논시그마틱 형 태로 나누어진다.

시그마틱 형태의 경우 동사의 원형이 "e"로 끝나는 동사에서 만 나타나는 바 그 수는 적다고 할 수 있다. 이 두 형태에 따라서 대과거형의 어미가 달라지게 된다.

논시그마틱 형태의 경우 "t"를 제외한 부분에 그리고 시그마틱 형태의 경우 "s"를 제외한 부분에 다음의 어미를 첨가하면된다. 다음은 대과거형 어미이다.

인칭 어미	1	2	3	4	5	6
Non sigmatic	−sem	−seşi	−se	−serăm	−serăţi	−seră
Sigmatic	−sesem	−seseşi	−sese	−seserăm	−seserăţi	−seseră

ex) Când am intrat acasă, el deja ajunsese.

내가 집에 돌아왔을 때, 그는 벌써 도착해 있었다.

5) 단순과거(Timpul Perfectul Simplu)

단순과거는 루마니아의 남서부 지역인 올떼니아(Oltenia) 지역
및 문학언어의 일부로만 사용되는 시제로써 일상생활에서 거의
사용되지 않으므로 이 사전에서는 설명을 생략한다.

6) 미래형(Timpul Viitor)

미래형은 미래에 일어날 사건에 대해서 나타내는 시제이다. 그
형태는 3가지에 달하며 다음과 같다.

(1) o să +접속법 동사. o să은 불변형이며 이후 인칭에 따른 접속
    법 변화형을 연결한다.

   ex) El o să plece. (그는 떠날 것이다.)

(2) a avea

1	2	3	4	5	6
am	ai	are	avem	aveţi	au

+să 접속법 동사

일반동사로서의 a avea 동사의 변화형에 접속법을 연결한다.

   ex) El are să plece. (그는 떠날 것이다.)

(3) 조동사

1	2	3	4	5	6
voi	vei	va	vom	veţi	vor

+동사 원형

인칭에 따른 조동사에 동사원형을 연결한다.

ex) El va pleca. (그는 떠날 것이다.)

2. 접속법(Modul Conjunctiv)

접속법은 일반적으로 실현 가능한 행동을 표현한다. 또한 접속법은 종속 접속사 să를 항상 동반하며 이 형태는 문장에서 주절로 사용되는 경우와 종속절로 사용되는 경우가 있다. 종속적으로 사용되는 경우 이것은 문장에서 보어적 기능을 할 수 있다. 이런 이유로 접속사는 부정사, 목적분사와 보어로써 동의어로 사용 가능하다. 예) Mă pregăteam să plec(= a pleca/ =de plecat, 나는 떠날 준비를 하고 있었다.)

대부분의 언어에서 법체계(sistem modal)는 의미적 모호함을 가지고 있는데 루마니아어에서 접속법은 주절에서 명령(imperativ)과 원망(optativ)의 의미를 가질 수 있으며 종속절에서 조건(condiţional)의 의미를 가질 수 있다.

ex) Să pleci imediat! (당장 떠나라!)

Să vedem sănătoşi! (우리 건강하게 만나자)

루마니아어에서의 접속법은 "접속법"과 "새로운 주어"를 배치시킬 수 있는 로망스어 내에서 독특한 구조를 가지고 있다. 이를 위해서 ca를 동반하여 주어를 어휘로 표현하는 방법, 주어를 어휘로 나타내지 않고 표현하는 방법, 지배소의 경사의 조정을 받게 하는 방법 등이 있다.

ex) Ion vrea ca Sandu să plece. (이온은 싼두가 떠나기를 원한다.)

Ion vrea să plece. (이온은 떠나가기를 원한다.)

Ion îl lasă pe Sandu să plece.

(이온은 싼두를 떠나도록 내버려둔다.)

형태상 동사의 법(modul)이 접속법임은 동사에 종속접속사 să
가 전치됨으로써 나타나며 따라서 să 이하의 동사는 접속법 형태
의 동사변화형을 취하여야 한다. 접속법은 현재형과 완료형 두
가지 시제를 가지고 있다. 다음은 시제별로 나타나는 접속법의
형태이다.

1) 현재형(Timpul Prezent)

접속법 현재 시제의 인칭 변화 형태는 3인칭 단-복수를 제외
하고는 직설법의 인칭변화와 동일하다. 따라서 3인칭 단복수외
에는 직설법의 인칭변화형을 따르면 된다. 접속법 현재에서 3인
칭 단복수는 항상 같은 형태를 취하고 있으며 이 형태는 직설법
3인칭 단수 형태에 연동되어 있다. 따라서 접속법에서는 결과적
으로 3인칭 단수 하나의 형태만을 기억하고 그외의 부분은 직설
법에 준하여 사용하면 된다. 다음은 직설법 동사형에 따른 접속
법 동사 3인칭의 변화형이다.

동사형 인칭	-a		-î		-ea	-e	-i
3인칭 단수 직설법	-ă	-ează	-ă	-ăşte	-e	-e	-eşte
3인칭 단수 접속법	-e	-eze	-e	-ască	-ă	-ă	-ească

ex) El anunţă. (그는 알린다.) →

El vrea să anunţe. (그는 알리기를 원한다.)

El lucrează. (그는 일한다.) →

El vrea să lucreze. (그는 일하기를 원한다.)

El coboară. (그는 내려온다.) →

El vrea să cobore. (그는 내려오기를 원한다.)

El hotărăşte. (그는 결정한다.) →

El vrea să hotărască. (그는 결정하기를 원한다.)

El vede. (그는 본다.) → El vrea să vadă. (그는 보기를 원한다.)

El merge. (그는 간다.) →

El vrea să meargă. (그는 가기를 원한다.)

El citeşte. (그는 읽는다.) →

El vrea să citească. (그는 읽기를 원한다.)

2) 완료형(Timpul Perfect)

완료형은 가능성, 과거의 의심스러운 상황이나 조건의 상황을 가정하는 의미를 가진다. 따라서 조건-원망법의 과거형과 함께 종종 사용된다. 그 형태는 să + fi + 완료형이다. 여기에서 să + fi는 불변형이다.

ex)

[가능성, 의심]

Cine să-l fi aşteptat la gară aşa de târziu?

이렇게 늦은 시간에 누가 그를 역에서 기다릴까?

Să nu fi auzit el telefon? 그가 전화를 듣지 않았을까?

[조건]

Să fi avut timp, i-aş fi telefonat.

내가 시간이 있었다면 그에게 전화했었을것이다.

3. 조건원망법(Modul condiţional-optativ)

조건원망법은 일반적으로 어떤 한 조건의 성립에 따라서 실현 가능한 행동을 표현한다. 조건원망법의 시제는 현재형과 완료형 으로 구성되어있다. 형태는 현재에서는 [조동사+동사원형]의 방 식을 취하고 과거에서는 [조동사+fi+과거분사형]으로 구성된다.

조건원망법에 사용되는 인칭별 조동사는 다음과 같다.

인칭	1	2	3	4	5	6
조동사	aş	ai	ar	am	aţi	ar

조건원망법 현재에서는 다음과 같은 의미를 표현한다.

• 조건의 의미에서는 조건에 따른 행동을 표현한다.

 ex) Dacă vine el, plec eu. (만약에 그가오면 나는 떠난다.)

• 원망의 의미에서는 원하는 행동을 표현한다.

 ex) Aş pleca la munte; de-ar veni vara!
  (여름이 오면 산에 가고 싶다!)

• 가능의 의미에서는 행동이 가능하고 현실적임을 의미한다.

 ex) Am auzit că examenul s-ar amâna.
  (난 시험이 연기될 가능성이 있다고 들었다.)

• 정중의 의미에서는 완곡어법을 표현한다.

 ex) V-aş ruga să-mi împrumutaţi~. 당신께 ~을 저에게 빌

려주시기를 원합니다.

• 조건원망법 완료에서는 과거의 불가능한 사실을 표현한다.
  ex) Dacă as fi avut timp, aş fi învăţat mai mult.
     (만약에 시간이 있었더라면 더 공부를 했었을텐데)
  참고: 이것은 불완료과거형(imperfect)이 대체할 수 있다.
     (즉, Dacă aveam timp, învăţam mai mult.)

4. 명령법

명령법에서는 실현 가능한 명령이나 부탁의 의미를 나타낸다.
명령법은 현재형으로만 존재하며 형태는 단수명령/복수명령 그
리고 긍정명령/부정명령에 따라서 달라진다. 긍정명령의 경우
단수명령은 직설법 3인칭 혹은 2인칭이 사용되며 복수명령에 대
해서는 직설법5인칭이 사용된다. 이때 복수명령에 대해서는 공
히 5인칭이 사용되는 것에 비해서 단수 명령에서는 동사의 형태
에 따라서 3인칭 혹은 2인칭이 사용되며 다수의 불규칙 형태가
존재한다.

부정명령의 경우 단수명령은 [nu+동사원형]이 사용되며 복수
명령은 [nu+직설법 5인칭] 형태가 사용된다.

다음은 동사 형태에 따른 단수 긍정 명령의 형태이다.

직설법 동사의 어미형태	−a (O형), −î (O형)	−e	−i (O형), −ea	−a (ez형)	−i (esc형), −î (ăsc형)
명령법 동사의 어미형태	−ă	−e	−i	−ează	−eşte, −ăşte

ex)

직설법	intra (0형)	coborî (0형)	spune	ieşi (0형)	vedea	lucra (ez형)	citi(esc형), hotărî(ăsc형)
명령법	intră!	coboară!	spune!	ieşi!	vezi!	lucrează!	citeşte!

다음은 많이 사용되는 긍정 단수 명령의 불규칙형태이다.

- fi → fii! (연계동사로서 주로 형용사와 함께 사용되면서 "~해라"의 의미로 사용)

- veni → vino! (와라)

- sta → stai! (있어라)

- face → fă! (해라)

- zice → zi! (말해라)

- duce → du! (가져가라)

- aduce → adu! (가져와라)

- conduce →condu! (운전해라)

- traduce →tradu! (번역해라)

5. 기타의 법

앞서 언급한 법(modul) 이외의 법에는 인칭과 시제가 존재하지 않는다. 여기에는 부정법(Modul Infinitiv), 현재분사법(Modul Gerunziu), 과거분사법(Modul Participiu), 목적분사법(Modul Supin) 등이 포함된다.

• **부정법**: 비인칭 형태로 사용되며 동사적 성격과 명사적 성격을

모두 포함하고 있다. 부정법은 일부 다른 법을 대체하는데 사용되기도 하는데 명령법(예, a nu se răsturna 〈 nu răsturnă), 직설법(예, pretinde a şti 〈 pretinde că ştie), 현재 분사법(am obosit a spune 〈 am obosit spunând) 등을 대체한다.

• 현재분사법: 비인칭 형태이며 현재 진행중인 행동 또는 때때로 완료된 행동을 표현한다. (ex. absolbind liceul, s-a inscris la facultate. 그는 고등학교를 졸업하면서 대학교에 등록했다.) 현재분사는 시제가 없으며 주절 동사의 시제와 법을 따라간다.
  - 직설: Pofta vine mâncând. (식욕은 먹으면서 찾아온다.)
  - 접속: A inceput să cânte, murmurind încet. (천천히 중얼거리면서 노래를 하기 시작했다.)
  - 가정: O fi plecat plângând. (울면서 떠나갔겠지.)
  - 명령: Pleacă, luându-ţi tot ce ai! (네가 가진 것을 모두 챙겨서 떠나라!)
  - 부정: Nu se recomandă a citi mâncând. (먹으면서 읽는 것은 추천되는 사항이 아니다.)

현재분사는 과거 분사와 달리 형용사적 기능이 발달되지 않아서 일부에서만 사용된다.
  ex. suferind(고통을 겪는), crescând(자라는), tremurând(떠는) 등)

• 과거분사법: 비인칭 동사로 형용사와 거의 동일한 기능을 한다. 이 때 분사는 동사에 따라서 다른 태의 의미를 가지게 되는데 대부분의 타동사에서는 수동적 의미를 가지게 된다.
  ex) momentul ales(선택된 순간), data fixată(정해진 날짜) 등

비재귀동사와 자동사, 일부 타동사에서는 능동의 의미를 가지게 되기도 한다.

ex) prieten plecat(떠난 친구), scrisoarea venită(온 편지) 등.

능동태 타동사의 분사형태는 결합한 어휘의 의미에 따라서 수동적, 능동적 의미를 갖을 수 있다.

능동: om învăţat (공부한 사람)

수동: capitol învăţat (학습된 챕터)

• **목적분사법**: 비인칭이며 부정법과 구문상에서 동의어 관계를 이룰 수 있다.

Thema

주요 어휘 및 유용한 표현

01 공공 표지 및 안내

1.1 관공서 및 주요기관

공항 aeroport 아에로뽀르뜨

세관 vamă 바머

은행 bancă 방꺼

환전소 casa de schimb 까싸 데 스낌브

대사관 ambasadă 암바싸더

약국 farmacie 파르마치에

병원 spital 스뻬딸

의원 cabinet medical 까비넷 메디깔

학교 şcoală 슈꼬알러

경찰서 poliţie 뽈리찌에

지하철 metrou 메뜨로우

지하철역 staţia de metrou 스따찌아 데 메뜨로우

우체국 poştă 뽀슈떠

호텔 hotel 호뗄

모텔 motel 모뗄

펜션 pensiune 뻰시우네

식당 restaurant 레스따우란뜨

이발소 frizerie 프리제리에

미용실 salon de coafură 살론 데 꼬아푸러

서점 librărie 리브러리에

카페 cafenea 카페네아
매점 chioşc 끼오슈끄
안내소 informaţie 인포르마찌에
여행사 agenţie de turism 아젠찌에 데 뚜리즘
국영철도여행사 Agenţia de Voiaj CFR 아젠찌아 데 보이아즈 체페레

1.2 간판 및 표지

국도 drum naţional(=DN) 드룸 나찌오날(데네)
주차 parcare 빠르까레
입구 intrare 인뜨라레
출구 ieşire 이에쉬레
화장실 toaletă, WC 또알러떠, 베체우
남성 bărbat 버르바뜨
여성 femeie 페메이에
정지 oprire 오쁘리레
짐보관소 biroul de bagaje 비로울 데 바가제
옷보관소 garderobă 가르데로버
엘리베이터 lift 리프뜨
빈방 cameră liberă 까메러 리베러

1.3 각종 안내문

돌아가시오 ocolire! 오꼴리레
만지지마시오 nu atingeţi! 누 아띤제찌
들어가지마시오 nu intraţi! 누 인뜨라찌
조심하시오 atenţie! 아뗀찌에
미시오 împingeţi! 음삔제찌

당기시오 trageţi! 뜨라제찌

누르시오 apăsaţi! 아뻐싸찌

창문에 기대지 마시오 nu vă aplecaţi pe fereastră! 누 버 아쁠레까찌
    뻬 페레아스뜨러

화재시 대피구 ieşire de incendiu 이에쉬레 데 인첸디우

정차금지 staţionarea interzisă 스따찌오나레아 인떼르지써

주차금지 parcarea interzisă 빠르까레아 인떼르지써

출입금지 intrarea interzisă 인뜨라레아 인떼르지써

흡연금지 fumatul interzis 푸마뚤 인떼르지쓰

일방통행 sensul unic 쎈쑬 우닉

횡단보도 trecere de pietoni 뜨레체레 데 삐에또니

입장료 taxă de intrare 딱써 데 인뜨라레

칠주의 proaspăt vopsit 쁘로아스뻐드 봅시뜨

예약석 loc rezervat 록 레제르바뜨

개조심 câine rău! 끄이네 러우

02 숫자

숫자는 성에 따라서 그 형태가 달라지는 경우가 있는데 1~20 사
이의 수 가운데에서는 1, 2, 12에 남성형과 여성형이 각각 존재
한다.

1 unu(남성형) 우누, una(여성형) 우나

2 doi(남성형) 도이, două(여성형) 도우어

3 trei 뜨레이

4 patru 빠뜨루

5 cinci 친치

6 şase 샤세

7 şapte 샵떼

8 opt 옵뜨

9 nouă 노우어

10 zece 제체

11 unsprezece 운스프레제체

12 doisprezece (남성형) 도이스프레제체,
    douăsprezece (여성형) 도우어스프레제체

13 treisprezece 뜨레이스프레제체

14 patrusprezece 빠뜨루스프레제체

15 cincisprezece 친치스프레제체

16 şaisprezece 샤이스프레제체
17 şaptesprezece 샵떼스프레제체
18 optsprezece 옵뜨스프레제체
19 nouăsprezece 노우어스프레제체
20 douăzeci 도우어제치
30 treizeci 뜨레이제치
40 patruzeci 빠뜨루제치
50 cincizeci 친치제치
60 şaizeci 샤이제치
70 şaptezeci 샵떼제치
80 optzeci 옵뜨제치
90 nouăzeci 노우어제치
100 o sută 오 수떠
1000 o mie 오 미에

 요일, 월 표현

월요일 luni 루니
화요일 marți 마르찌
수요일 miercuri 미에르꾸리
목요일 joi 조이
금요일 vineri 비네리
토요일 sâmbătă 씀버떠
일요일 duminică 두미니꺼

1월 ianuarie 야누아리에
2월 februarie 페브루아리에
3월 martie 마르띠에
4월 aprilie 아쁘릴리에
5월 mai 마이
6월 iunie 유니에
7월 iulie 율리에
8월 august 아우구스뜨
9월 septembrie 셉뗌브리에
10월 octombrie 옥똠브리에
11월 noiembrie 노이엠브리에
12월 decembrie 데쳄브리에

04 친족명칭

엄마 mamă 마머

아빠 tată 따떠

아들 fiu 피우

딸 fiică 피꺼

남편 soţ 쏘쯔

아내 soţie 쏘찌에

사위 ginere 지네레

며느리 noră 노러

시아버지, 장인 socru 쏘크루

시어머니, 장모 soacră 쏘아크러

형 frate mai mare 프라떼 마이 마레

누나 soră mai mare 쏘러 마이 마레

오빠 frate mai mare 프라떼 마이 마레

언니 soră mai mare 쏘러 마이 마레

남동생 frate mai mic 프라떼 마이 믹

여동생 soră mai mică 쏘러 마이 미꺼

할아버지 bunic 부니끄

할머니 bunică 부니꺼

고모, 이모, 숙모 matuşă 머뚜셔

삼촌, 큰아버지, 작은아버지 unchi 운끼

처제, 처형, 제수, 형수 cumnată 꿈나떠

형부, 자형, 매형 cumnat 꿈나뜨

손자, 남자조카 nepot 네뽀뜨

손녀, 여자조카 nepoată 네뽀아떠

05 동물명칭

5.1 가축

고양이 pisică 삐씨꺼

개 câine 끄이네

돼지 porc 뽀르끄

암퇘지 scroafă 스크로아퍼

황소 taur 따우르

암소 vacă 바꺼

송아지 viţel 비쩰

양 oaie 오아이에

어린양 miel 미엘

염소 capră 까쁘러

말 cal 깔

당나귀 măgar 머가르

암탉 găină 거이너

수탉 cocoş 꼬꼬슈

칠면조 curcan 꾸르깐

오리 raţă 라쩌

5.2 짐승

여우 vulpe 불뻬

늑대 lup 루쁘

너구리 raton 라똔

사슴 cerb 체르브

얼룩말 zebră 제브러

기린 girafă 지라퍼

낙타 cămilă 꺼밀러

하마 hipopotam 히뽀뽀땀

코끼리 elefant 엘레판뜨

호랑이 tigru 띠구르

사자 leu 레우

원숭이 maimuţă 마이무쩌

곰 urs 우르스

북극곰 urs polar 우르스 뽈라르

올빼미 bufniţă 부프니쩌

까마귀 corb 꼬르브

제비 rândunică 른두니꺼

악어 crocodil 끄로꼬딜

뱀 şarpe 샤르뻬

개구리 broască 브로아스꺼

상어 rechin 레낀

고래 balenă 발레너

쥐 şoarece 쇼아레체

다람쥐 veveriţă 베베리쩌

토끼 iepure 이에뿌레

햄스터 hamster 함스떼르

고슴도치 arici 아리치

 **식물, 과일, 채소 명칭**

6.1 나무 & 꽃

소나무 pin 삔
단풍나무 arțar 아르짜르
너도밤나무 fag 파그
포플라 plop 쁠롭
버드나무 salcie 살치에
장미 Trandafir 뜨란다피르
국화 crizantemă 끄리잔떼머
진달래 azalee 아잘래
데이지 margaretă 마르가레떠
해바라기 floarea-soarelui 플로아레아 쏘아렐루이
양귀비 mac 마끄

6.2 과일명

사과 măr 머르
배 pară 빠러
바나나 banană 바나너
딸기 căpşună 껍슈너
오렌지 portocală 뽀르또깔러

포도 strugure 스뜨루구레
체리 cireaşă 치레아셔
복숭아 piersică 삐에르시꺼
살구 caisă 까이서
자두 prună 프루너
레몬 lămâie 러므이에
귤 mandarină 만다리너
수박 pepene verde 뻬뻬네 베르데
멜론 pepene galben 뻬뻬네 갈벤

6.3 야채명

완두콩 mazăre 마저레
무우 ridiche 리디께
배추 varză 바르저
옥수수 porumb 뽀룸브
파 ceapă verde 체아뻐 베르데
양파 ceapă 체아뻐
시금치 spanac 스빠낙
감자 cartof 까르토프
토마토 roşie 로쉬에
마늘 ustroi 우스뜨로이
생강 ghimbir 김비르
가지 vânătă 브너떠
오이 castravete 까스뜨라베떼
호박 dovleac 도블레악

07 공공기관 및 주요 장소명칭

시청 primărie   쁘리머리에
경찰서 poliţie   뽈리찌에
세무서 administraţia financiară   아드미니스뜨라찌아 피난치아러
은행 bancă   방꺼
민원창구 relaţii cu publicul   렐라찌 꾸 뿌블리꿀
우체국 poştă   뽀슈떠

Thema Ⅰ 공공기관 및 주요 장소명칭

08 사물 및 도구명칭

8.1 가구

책상 birou 비로우
의자 scaun 스까운
탁자 masă 마써
침대 pat 빠뜨
쇼파 canapea 까나뻬아

8.2 의류

셔츠 camaşă 꺼마셔
바지 pantalon 빤딸론
치마 fustă 푸스떠
코트 pardesiu 빠르데씨우
자켓 sacou 싸꼬우
청바지 blugi 블루지
목도리 fular 풀라르
넥타이 cravată 끄라바떠
스웨터 pulover 뿔로베르

8.3 주요 사무용품

텔레비전 televizor 뗄레비조르

컴퓨터 calculator 깔꿀라또르
키보드 tastatură 따스따뚜러
마우스 mouse 마우스
칼 cuţit 꾸찌뜨
풀 lipici 리삐치
종이 hârtie 흐르띠에
가위 foarfecă 포아르페꺼
프린터 imprimantă 임프리만떠

 식음료 명칭

9.1 음료

물 apă 아뻐
탄산수 apă minerală 아뻐 미네랄러(가스가 첨가된 물)
생수 apă plată 아뻐 쁠라떠(가스가 첨가되지 않은 물)
콜라 cola 꼴라
음료수 suc 쑥
우유 lapte 랍떼

9.2 음식

빵 pâine 쁘이네
수프 ciorbă 치오르버
고기 carne 까르네
돼지고기 porc 뽀르끄
닭고기 pui 뿌이
생선 peşte 페슈떼
치즈 brânză 브른저

10 신체관련 명칭

머리 cap 깝
머리카락 păr 뻐르
이마 frunte 프룬떼
눈 ochi 오끼
코 nas 나스
입 gură 구러
귀 ureche 우레께
어깨 umăr 우머르
배 burtă 부르떠
등 spate 스빠떼
허리 mijloc 미즐록
무릎 genunchi 제눈끼
다리 picior 삐치오르
팔 braţ 브라쯔
손 mână 므너
손가락 deget 데제뜨

⑪ 색깔

빨강색 roşu 로슈
주황색 portocaliu 뽀르또깔리우
노랑색 galben 갈벤
초록색 verde 베르데
파랑색 albastru 알바스뜨루
남색 bleu 블레우
보라색 vişiniu 비쉬니우
검정색 negru 네그루
흰색 alb 알브
회색 gri 그리

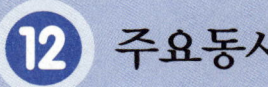

주요동사

동사는 인칭별로 변화함으로 여기에서는 가장 많이 사용되는 몇 가지 기본동사의 직설법 현재형에 대해서만 제시한다.

■ 존재하다, ~이 있다

인칭	a fi	아 피 (동사원형)
1	Sunt	쑨뜨
2	Eşti	예슈띠
3	Este	예스떼
4	Suntem	쑨뗌
5	Sunteţi	쑨떼찌
6	Sunt	쑨뜨

■ 가지다

인칭	a avea	아 아베아 (동사원형)
1	Am	암
2	Ai	아이
3	Are	아레
4	Avem	아뱀
5	Aveţi	아베찌
6	Au	아우

■ 먹다

인칭	a mânca	아 믄카 (동사원형)
1	Mănânc	머는끄
2	Mănânci	머는치
3	Mănâncă	머는꺼
4	Mâncăm	믄껌
5	Mâncaţi	믄까찌
6	Mănâncă	머는꺼

■ 가다

인칭	a merge	아 메르제 (동사원형)
1	Merg	메르그
2	Mergi	메르지
3	Merge	메르제
4	Mergem	메르젬
5	Mergeţi	메르제찌
6	Merg	메르그

■ 달리다

인칭	a alerga	아 알레르가 (동사원형)
1	Alerg	알레르그
2	Alergi	알레르지
3	Aleargă	알레아르거
4	Alergăm	알레르검
5	Alergaţi	알레르가찌
6	Aleargă	알레아르거

■ 올라가다

인칭	a urca	아 우르카 (동사원형)
1	Urc	우르끄
2	Urci	우르치
3	Urcă	우르꺼
4	Urcăm	우르껌
5	Urcaţi	우르까찌
6	Urcă	우르꺼

■ 내려가다

인칭	a coborî	아 꼬보르 (동사원형)
1	Cobor	꼬보르
2	Cobori	꼬보리
3	Coboară	꼬보아러
4	Coborâm	꼬보름
5	Coborâţi	꼬보르찌
6	Coboară	꼬보아러

■ 자다

인칭	a dormi	아 도르미 (동사원형)
1	Dorm	도름
2	Dormi	도르미
3	Doarme	도아르메
4	Dormim	도르밈
5	Dormiţi	도르미찌
6	Dorm	도름

■ 일하다

인칭	a lucra	아 루끄라 (동사원형)
1	Lucrez	루끄레즈
2	Lucrezi	루끄레지
3	Lucrează	루끄레아저
4	Lucrăm	루끄럼
5	Lucraţi	루끄라찌
6	Lucrează	루끄레아저

■ 지불하다

인칭	a plăti	아 쁠러티 (동사원형)
1	Plătesc	쁠러떼스크
2	Plăteşti	쁠러떼슈띠
3	Plăteşte	쁠러떼슈떼
4	Plătim	쁠러띰
5	Plătiţi	쁠러띠찌
6	Plătesc	쁠러떼스크

Thema

상황별 표현

01 인사

루마니아어에서 인사표현은 매우 다양하며 그 내용도 매우 긴 편이다.

▷ 기본 어휘

• 아침
Dimineaţă
디미네아쩌

• 낮, 날
Zi
지

• 저녁
Seară
쎄아러

• 밤
Noapte
노압떼

• 안녕
Salut
쌀룻

• 안녕 (형용사로 '좋은' 이라는 뜻을 가진다)
Bună
부너

• 건강
Sănătate
써너따떼

▷ 기본 표현

• 아침인사
Bună dimineaţa!
부너   디미네아짜

• 낮 인사
Bună ziua!
부너   지우아

• 저녁인사
Bună seara!
부너   쎄아라

• 벌써 늦은 밤이다. 우리는 집으로 떠나 가야만 해.
Este deja noaptea târziu. Trebuie să plecăm acasă.
예스떼 데자   노압떼아   뜨르지우. 뜨레부이에 써 쁠레껌   아까써.

• 기숙사로 돌아가야만 해. 벌써 늦은 밤이 되었어.
Trebuie să plecăm la cămin. Deja s-a făcut noaptea
뜨레부이에 써 쁠레껌   라 꺼민.   데자   싸   퍼꾸뜨 노압떼아
târziu.
뜨르지우.

• 난 내일 아침 일찍 일어나야만 해.
Trebuie să mă trezesc devreme mâine dimineaţa.
뜨레부이에 써 머 뜨레제스크 데브레메   므이네   디미네아짜.

• 우린 작별 인사를 해야만 해.
Trebuie să ne luăm rămas bun.
뜨레부이에 써 네 루엄   러마스   분.

- 안녕히 주무세요!
  Somn uşor vă doresc!
  쏨 우쇼르 버 도레스크!

- 잘 잤니?
  Ai dormit bine?
  아이 도르미뜨 비네?

대화1   교수와 박사과정생의 인사

김선생님:	안녕하세요 교수님! 어떻게 지내세요?
Domnul Kim:	**Bună ziua domnul profesor! Ce mai faceţi?**
돔눌 김:	부너 지우와 돔눌 프로페쏘르! 체 마이 파체찌?

교수님:	안녕하세요 김 선생! 잘 지냅니다. 고마워요. 당신은 어떻게 지내는가요?
Domnul profesor:	**Bună ziua domnul Kim! Bine, mulţumesc.**
돔눌 프로페쏘르:	부너 지우와 돔눌 김! 비네, 물쭈메스끄.
	şi dumneavoastră?
	쉬 둠네아보아스뜨러?

김선생님:	저도 잘 지냅니다. 감사합니다.
Domnul Kim:	**Şi eu fac bine, mulţumesc.**
돔눌 김:	쉬 예우 팍 비네, 물쭈메스끄.

교수님:	오월달 학회에서 만나세. 잘가게!
Domnul profesor:	**Ne vedem la conferinţa din luna mai.**
돔눌 프로페쏘르:	네 베뎀 라 꼰페린짜 딘 루나 마이.
	La revedere!
	라 레베데레!

김선생님:	안녕히 가세요!
Domnul Kim:	**La revedere!**
돔눌 김:	라 레베데레!

잠 잤니?

Bogdan: **Ai dormit bine?**
보그단: 아이 도르뜨   비네?

아니, 전혀. 한 시간도 채 못잤어.

Marian: **Nu, deloc. N-am dormit mai mult də o oră.**
마리안: 누, 델록. 남   도르미뜨 마이 물뜨 데 오오러.

왜?

Bogdan: **De ce?**
보그단: 데 체?

늦게까지 일했고 그리고 나서는 잘 잘 수 없었어.

Marian: **Am lucrat până târziu şi după aceea nu am putut**
마리안: 암   루크라뜨 뻐너   뜨르지우 쉬 두뻐   아체에아 누 암   뿌뚜뜨
        dormi bine.
        도르미   비네.

만약에 수업이 없다면 수면제를 먹고 좀 더 자는게 좋겠다.

Bogdan: **E mai bine să iei un somnifer şi te mai culci dacă**
보그단: 예 마이 비네 써 이에이 운 쏨니페르   쉬 떼 마이 꿀치 다꺼
        n-ai curs.
        나이 꾸르쓰.

맞어. 네가 옳아. 수면제 하나 먹고 더 자야겠어. 오늘 수업
이 없어.

Marian: **Aşa e. Ai dreptate. O să iau un somnifer şi mă mai**
마리안: 아샤 예. 아이 드렙따떼. 오 써 이아우 운 쏨니페르   쉬 머 마이
        culc. N-am curs azi.
        꿀끄. 남   꾸르쓰 아지.

Thema ⑪

인사

▷ 기본 표현

- 뭐해? 잘지내니? (친구들, 가까운 사이)
  Ce faci?
  체 파치?

- 어떻게 지내세요? 잘 지내세요? (존대말 표현이다)
  Ce faceţi?
  체 파체찌?

- 돌아오셔서 반가워요.
  Mă bucur că v-aţi întors.
  머 부꾸르 꺼 바찌 은또르스

- 환영합니다!
  Bine aţi venit!
  비네 아찌 베니뜨!

- 반갑습니다! (주로 Bine aţi venit!에 대한 답례인사)
  Bine v-am găsit!
  비네 밤 거씨뜨!

- 안녕!
  Bună!
  부너!

- 안녕!
  Salut!
  쌀룻!

대화 　 친구 사이의 대화

	안녕 마리안! 어떻게 지내? 너 본지 오래된거 같은데!
Ana:	**Bună Marian! Ce faci? Nu te-am mai văzut de mult!**
아나:	부너 마리안! 체 파치? 누 떼 암 마이 버주뜨 데 물뜨!

안녕 아나! 난 1년 동안 미국에서 공부했어.

Marian: **Bună Ana! Am fost în State pentru un an de**
마리안: 부너 아나! 암 포스뜨은 스따떼 뻰뜨루 운 안 데

studiu.
스뚜디우.

장학금으로?

Ana: **Cu bursa?**
아나: 꾸 부르싸?

당연하지. 장학금 없이는 불가능하지.

Marian: **Sigur că da. Nu se poate fără bursă.**
마리안: 씨구르 꺼 다. 누 쎄 뽀아떼 퍼러 부르써

그렇지. 어떻게 장학금을 받을 수 있었니? 나에게도 정보
를 좀 줄 수 있겠니?

Ana: **Aşa e. Cum ai reuşit să iei bursa? Poţi să-mi dai**
아나: 아샤 예. 꿈 아이 레우쉿 써 이에이 부르싸? 메 록 썸 다이

şi mie informaţii?
쉬 미에 인포르마찌!

당연하지. 우리 좀 더 여유있는 날 만나자.

Marian: **Sigur că da. Ne mai vedem într-o zi mai liberă.**
마리안: 씨구르 꺼 다. 네 마이 베뎀 은뜨로 지 마이 리베러.

너무 고마워! 내일 내가 전화할게. 괜찮지?

Ana: **Mersi mult! Te sun eu mâine seara. E bine?**
아나: 메르씨 물뜨! 떼 쑨 예우 므이네. 예 비네?

좋아, 네 전화 기다릴게. 안녕!

Marian: **Foarte bine, aştept telefonul tău. La revedere!**
마리안: 포아르떼 비네, 아슈뗍뜨 뗄레포눌 떠우. 라 레베데레!

안녕!

Ana: **La revedere!**
아나: 라 레베데레!

▷ 기본 표현

- 잘자 (밤에 헤어질 때)
  ### Noapte bună
  노압떼   부너

- 안녕, 또 만나자! (공식적, 의례적 표현)
  ### La revedere!
  라   레베데레

- 안녕! (가족적, 친근한 표현)
  ### Pa!
  빠

- 다음에 보자.
  ### Ne vedem mai târziu!
  네   베뎀   마이 뜨르지우

- 또 보자!
  ### Ne mai vedem!
  네   마이 베뎀

- 좋은 하루 보내.
  ### O zi bună!
  오 지 부너

- 조만간 보자.
  ### Pe curând!
  뻬   꾸른드

- 내일 보자.
  ### Ne vedem mâine!
  네   베뎀   므이네

- 지금 가야 겠어.
  ### Trebuie să plec acum.
  뜨레부이에 써 쁠렉   아꿈.

- 모든 좋은 일을 당신에게 기원합니다!
  Toate cele bune vă doresc!
  또아떼 첼레 부네 버 도레스끄!

- 당신에게 많은 건강을 기원합니다!
  Multă sănătate vă doresc!
  물떠 써너따떼 버 도레스끄!

- 좋은 일만 있길!
  Numai bine!
  누마이 비네!

대화 파티에 초대받은 친구들의 작별인사

우리 이제 갑니다. 초대에 대해서 감사합니다. 대단한 파티였습니다.

Marian: **Noi plecăm acum. Mulţumim pentru invitaţie.**
마리안: 노이 쁠레껌. 물쭈메스끄 쁜뜨루 인비따찌에.

A fost o petrecere excelentă.
아 포스뜨 오 페뜨레체레 엑쓰첼렌떠.

방문에 감사드립니다.

Ana: **Mulţumesc pentru vizită.**
아나: 물쭈메스끄 쁜뜨루 비지떠.

저희도 조만간 당신들을 초대하고 싶습니다.

Marian: **Aş vrea să vă invităm şi noi în curând.**
마리안: 아쉬 브레아 써 버 인비떰 쉬 노이 은 꾸른드.

기꺼이 초대를 기다리겠습니다.

Ana: **Aştept invitaţia cu plăcere.**
아나: 아슈떼뜨 인비따찌아 꾸 쁠러체레.

▷ 기본 표현

- 고마워 (친밀한 관계에 적당한 표현)
  Mersi
  메르씨

- 고맙습니다 (공식적인 관계 적당한 표현, 감사하다는 의미의 a mulţumi 동사
  의 1인칭 형태)
  Mulţumesc
  물쭈메스끄

- 고맙습니다 (공식적인 관계 적당한 표현, 감사하다는 의미의 a mulţumi 동사
  의 4인칭 형태)
  Mulţumim
  물쭈밈

- 도움에 대해서 감사드립니다
  Mulţumesc pentru ajutor
  물쭈메스끄   뻰뜨루   아주또르

- 정말 고마워 (동사 a mersi를 부사 mult(많은)가 수식하는 형태)
  Mersi mult
  메르씨   물뜨

- 너무 고맙습니다 (가장 높은 정도의 고마움을 표현하는 형태)
  Mulţumesc mult de tot
  물쭈메스끄   물뜨 데 또뜨

- 당신에게 감사합니다
  Vă sunt foarte recunoscător
  버   쑨뜨   포아르떼 레꾸노스꺼또르

- 별거 아닙니다 (mulţumesc, mersi에 대한 답변)
  Pentru puţin
  뻰뜨루   뿌찐

- 별거 아닙니다 (mulţumesc, mersi에 대한 답변)
  Cu plăcere
  꾸 쁠러체레

- 별거 아닙니다 (mulţumesc, mersi에 대한 답변)
  N-aveţi pentru ce
  나베찌 쁜뚜르 체

- 저의 감사의 뜻을 그에게 전해 주십시오.
  Transmiteţi-i mulţumirile mele
  뜨란스미떼찌-이 물쭈미릴레 멜레.

대화 길을 묻고 감사하는 표현

Bogdan:
보그단:

죄송합니다만! 응급병원이 어디에 있는지 말씀해 주실 수 있습니까?

Nu vă supăraţi! Puteţi să-mi spuneţi unde este
누 버 수뻐라찌! 뿌떼찌 썸 스뿌네찌 운데 예스떼

Spitalul de Urgenţă?
스삐딸룰 데 우르젠쩌?

Ana:
아나:

물론이지요. 앞으로 직진하시다가 첫번째 사거리에서 우회전하세요.

Sigur că da. Mergeţi drept înainte şi faceţi
씨구르 꺼 다. 메르제찌 드렙뜨 으나인떼 쉬 파체찌

dreapta la prima intersecţie.
드레압따 라 쁘리마 인떼르쎅찌에.

바로 응급병원이 보일 것입니다.
Veţi găsi imediat Spitalul de Urgenţă.
베찌 거씨 이메디아뜨 스삐딸룰 데 우르전쩌.

Bogdan:
보그단:

감사합니다.
Vă mulţumesc mult!
버 물쭈메스끄 물뜨.

천만에요.

Ana: N-aveţi pentru ce!

아나: 나베찌   뻰뜨루   체

1.5   소개할 때 인사

▷ 기본 어휘

• 소개하다

A prezenta[1]

아 쁘레젠따

• 소개하다

A introduce

아 인뜨로두체

---

1) A는 동사원형을 나타내는 표시이다. 루마니아의 동사는 어미의 형태에 따라서 보통
5가지로 구분된다. 이 다섯 가지 어미 형태는 −a, −e, −i, −ea, −î다. 이 가운데 −a,
−i, −î는 두 가지의 규칙적인 인칭 변화형을 가지고 있다. 이 규칙 인칭변화형은 이
어미의 앞 부분까지는 동사의 어간으로 동사변화에서 불변하는 부분이다. 단 어미 변
화에 따른 음성학적 영향에 의하여 모음 혹은 자음 교체 현상이 생기기도 한다. 다음
의 표는 동사별 인칭 변화형이다.

−a		−i		−î		−e	−ea
일인칭 기준 −ez 형	일인칭 기준 −0 형	일인칭 기준 −esc 형	일인칭 기준 −0 형	일인칭 기준 −ăsc 형	일인칭 기준 −0 형	일인칭 기준 −0 형	일인칭 기준 −ez 형
ez	0	esc	0	ăsc	0	0	0
ezi	i	eşti	i	ăşti	i	i	i
ează	ă	eşte	e	ăşte	ă	e	e
ăm	ăm	im	im	îm	îm	em	em
aţi	ăţi	iţi	iţi	îţi	îţi	eţi	eţi
Ează	ă	esc	0	ăsc	ă	0	0

- 허락하다
  A permite
  아 뻬르미떼

- ~를 소개하다
  A face cunoştinţă cu
  아 파체   꾸노슈띤쩌   꾸

- 악수하다
  A da mâna cu
  아 다 므나 꾸

- 부르다 (재귀태로 사용되면 "~의 이름은 ~이다"의 의미를 만듦)
  A numi
  아 누미

- 부르다 (목적격 인칭대명사와 더해서 "~의 이름음 ~이다"의 의미를 만듦)
  A chema
  아 께마

- 친구
  Prieten
  쁘리에뗀

- 동료
  Coleg
  꼴레그

- 지인, 앎
  Cunoştinţă
  꼬노슈띤쩌

- 기쁨
  Plăcere
  쁠러체레

- 영광
  Onoare
  오노아레

- 나이
  Vârstă
  브르스떠

▷ 기본 표현

- 내 친구 마리안과 인사해라!
  Faci cunoştinţă cu prietenul meu Marian!
  파치 꾸노슈띤쩌 꾸 쁘리에떼눌 메우 마리안!

- 우리가 어디서 봤었나요?
  Ne-am mai văzut undeva?
  네 암 마이 버주뜨 운데바?

- 제 소개를 해도 될까요?
  Îmi permiteţi să mă prezint?
  음 뻬르미떼찌 써 머 쁘레진뜨?

- 우린 몇 년 전에 만났었다.
  Ne-am cunoscut acum câţiva ani.
  네 암 꾸노스뜨 아꿈 끄찌바 아니.

- 당신께 제 고등학교 동기를 소개시켜 드려도 될까요?
  Permiteţi-mi să v-il prezint pe colegul meu de liceu?
  뻬르미떼찜 써 빌 쁘레진뜨 뻬 꼴레굴 메우 데 리체우?

- 제가 영광입니다.
  Este onoarea mea.
  예스떼 오노아레아 메아.

- 당신께 제 교수님을 소개합니다.
  Vi-l prezint pe profesorul meu.
  빌 쁘레진뜨 뻬 프로페쏘룰 메우.

- 제 이름은 마리안입니다.
  Mă cheamă Marian.[2]
  머 께아머 마리안.

- 그녀의 이름은 아나입니다.
  O cheamă Ana.
  오 께아머   아나.

- 제 이름은 마리안입니다.
  Mă numesc Marian.[3]
  머   누메스크   마리안.

- 네 이름은 무엇이니?
  Cum te numeşti?
  꿈   떼 누메쉬띠?

- 네 이름은 무엇이니?
  Cum te cheamă?
  꿈   떼 께아머?

- 그의 이름은 마리안이다.
  Îl cheamă Marian.
  을 께아머   마리안.

- 그녀의 이름은 아나이다.
  O cheamă Ana.
  오 께아머   아나.

- 연세가 어떻게 되세요?
  Ce vârstă aveţi?
  체   브르스떠 아베찌?

- 몇 살이세요?
  Câţi ani aveţi?
  끄찌   아니 아베찌?

Thema Ⅱ

인사

---

2) 이 표현의 사용은 인칭대명사 목적격(mă-나를, te-너를, îl-그를, o-그녀를, ne-우
   리를, vă-너희들을, îi-그들을, le-그녀들을) + a chema 동사의 3인칭 형태인
   cheam가 고정되어 사용되는 형태로 이루어진다.
3) 이 표현의 사용은 "재귀대명사+동사"의 형태로 이루어진 재귀쾌으로 사용된다.

- 내년에 44살이 됩니다.
  La anul împlinesc 44 de ani.
  라 아눌 음쁠리네스 빠뜨루제치 쉬 빠뜨루 데 아니.

- 전 서른 한살입니다.
  Am 31 de ani.
  암 뜨레이제치 쉬 우누 데 아니.

- 우리는 동갑이군요.
  Suntem de aceeaşi vârstă.
  쑨뗌 데 아체에아쉬 브르스떠.

대화1 친구들 끼리 만나서 서로 소개하고 인사하는 표현

안녕 마리안! 어떻게 지내?
Bogdan: Salut Marian! Ce mai faci?
보그단: 쌀룻 마리안! 체 마이 파치?

잘 지내. 고마워! 너는 어떻게 지내니?
Marian: Bine mersi! Tu ce faci?
마리안: 비네 메르씨! 뚜 체 파치?

아주 잘 지내! 고등학교 친구인 크리스티가 나를 방문했어.
Bogdan: Foarte bine! A venit la mine în vizită Cristi,
보그단: 포아르떼 비네! 아 베니뜨 라 미네 은 비지떠 크리스티,

prietenul meu din liceu.
쁘리에떼눌 메우 딘 리체우.

우리는 몰에 쇼핑하러 가는 길이었어.
Ne duceam la mall ca să facem cumpărături.
네 두체암 라 몰 까 써 파쳄 꿈뻐러뚜리.

크리스티! 내 대학 동기야. 마리안이라고 해.
Cristi! Este colegul meu de facultate, îl cheamă
크리스티! 예스떼 꼴레굴 메우 데 파꿀따떼, 을 께아머

Marian.
마리안.

반가워, 난 크리스티라고 해!

Cristi: Îmi pare bine, Cristi mă cheamă!

크리스티: 음 빠레 비네, 크리스티 머 께아머!

나도, 난 마리안이라고 해!

Marian: Şi mie, mă cheamă Marian!

마리안: 쉬 미에, 머 께아머 마리안!

마리안아! 너 만약 지금 시간있으면, 몰에 같이 가지 않을래?

Bogdan: Mariane! Dacă eşti liber acum, nu vrei să

보그단: 마리아네! 다꺼 예슈띠 리베르 아꿈, 누 브레이 써

mergem împreună la mall?

메르젬 음쁘레우너 라 몰?

나 지금 여자친구와 만나는 약속이 있어. 미안해.

Marian: Am întâlnire acum cu prietena mea. Îmi pare

마리안: 암 은뜰니레 아꿈 꾸 쁘리에떼나 메아. 음 빠레

rău.

러우.

아니야. 다음에 한번 가자. 안녕.

Bogdan: Nu e nimic. Altă dată. Pa

보그단: 누 예 니믹. 알떠 다떠. 빠.

물론이지. 안녕. 크리스티아! 즐거운 시간 보내길 바래!

Marian: Sigur. Pa. Cristi! Distracţie plăcută îţi doresc!

마리안: 씨구르. 빠. 크리스티! 디스뜨락찌에 쁠러꾸떠 으찌 도레스크!

너도 즐거운 시간 보내!

Cristi: Mersi la fel!

크리스티: 메르씨 라펠!

대화 2 **나이를 물어보면서 서로 소개인사하는 내용**

연세가 어떻게 되세요?

Ana: Câţi ani aveţi?

아나: 끄찌 아니 아베찌?

몇 살 정도 되보입니까?

Liviu: **Câţi ani îmi daţi?**

리비우: 끄찌 아니 음 다찌?

한 45세 정도요?

Ana: **Cam 45 de ani?**

아나: 깜 빠뜨루제치 쉬 친치 데 아니?

10살 더 많아요. 전 55세입니다.

Liviu: **Zece ani mai mult. Am 55 de ani.**

리비우: 제체 아니 마이 물뜨. 암 친제치 쉬 친치 데 아니.

진짜요? 만수무강하시길 빕니다. 정말로 말씀드리는데 더
젊어 보이세요.

Ana: **Zău! Mulţi înainte! Sincer vă spun că arătaţi mai**

아나: 저우! 물찌 으나인떼! 씬체르 버 스뿐 꺼 아러따찌 마이

tânăr.

뜨너르.

고마워요. 당신은 연세가 어떻게 되세요?

Liviu: **Multmumesc. Dumneavoastră câţi ani aveţi?**

리비우: 물쭈메스끄. 둠네아보아스뜨러 끄찌 아니 아베찌?

전 마흔입니다.

Ana: **Am 40 de ani.**

아나: 암 빠뜨루 제치 데 아니.

만수무강하시길.

Liviu: **Mulţi înainte**

리비우: 물찌 으나인떼.

감사합니다.

Ana: **Mulţumesc.**

아나: 물쭈메스끄

02 전화하기

▷ 기본 어휘

- 여보세요!
  Alo!
  알로!

- 안녕하세요! (전화에서도 시간에 따른 인사말을 전한다.)
  Bună ziua!
  부너   지우와!

- 잠깐만 기다리세요
  Imediat
  이메디아뜨

- 휴대전화
  Telefon mobil
  뗄레폰   모빌

- 휴대전화 (telefon mobil의 축약형)
  Mobil
  모빌

- 전화 가입자
  Abonat telefonic
  아보나뜨   뗄레포닉

- 정기사용권
  Abonament
  아보나멘뜨

- 고정된 전화 (주로 휴대전화에 대비하여 휴대할 수 없는 전화)
  Telefon fix
  뗄레폰   픽쓰

- 전화번호
  Număr de telefon
  누머르   데 뗄레폰

- 전화카드
  Cartelă
  까르뗄러

- 전화카드
  Carte de telefon
  까르떼 데 뗄레폰

- 지역번호
  Prefix
  쁘레픽스

- 전화신호
  Apel telefonic
  아뻴   뗄레포닉

- 수화기, 수신자
  Receptor
  레쳅또르

- 전화걸다 (목적어로 목적격 형태를 사용함)
  A suna la telefon
  아 쑤나   라 뗄레폰

- 전화걸다 (목적어로 여격 형태를 사용함)
  A da telefon
  아 다 뗄레폰

- 전화를 끊다
  A închide telefon
  아 인끼데   뗄레폰

▷ 기본 표현

- 잠시 통화중입니다, 다시 걸어주세요.
  Momentan linia este ocupată, reveniţi.
  모멘탄   리니아 예스떼 오꾸빠떠,   레베니찌.

- 그로자씨와 통화할 수 있을까요?
  Pot să vorbesc cu dl. Groza?
  뽀뜨 써 보르베스크 꾸 돔눌 그로자?

- 부서장님과 통화하고 싶습니다.
  Aş vrea să vorbesc cu şeful departamentului.
  아쉬 브레아 써 보르베스끄 꾸 세풀   데빠르따멘뚤루이.

- 전화하시는 분은 누구시지요?
  Cine îl caută?
  치네   을 까우떠?

- 보그단씨가 거기에 계십니까?
  Dl. Bogdan este acolo?
  돔눌 보그단   에스떼 아꼴로?

- 네가 전화할래?
  O să mă suni?
  오 써 머   쑤니?

- 잠시 통화가 가능하십니까?
  Aveţi puţin timp să vorbiţi?
  아베찌 뿌찐   띰쁘   써 보르비찌?

- 네 말씀하세요.
  Da spuneţi
  다   스뿌네찌.

- 안녕!
  Pa!
  빠!

집전화로 연결해서 사람을 바꿔달라고 요청하는 대화

김씨 가족:	여보세요
Familia Kim:	Alo
파밀리아 김:	알로

	안녕하세요, 김선생님과 통화할 수 있을까요?
Mariana:	Bună ziua, pot să vorbesc cu dl. Kim?
마리아나:	부너 지우아, 뽀뜨 써 보르베스끄 꾸 돔눌 김

김씨 가족:	전화하신 분 성함이 어떻게 되시나요?
Familia Kim:	Cine îl caută?
파밀리아 김:	치네 을 까우떠

	마리아나입니다.
Mariana:	Mariana.
마리아나:	마리아나

김씨 가족:	잠시만요
Familia Kim:	Imediat.
파밀리아 김:	이메디아뜨

	감사합니다
Mariana:	Mersi.
마리아나:	메르씨

김씨 가족:	천만에요
Familia Kim:	Cu plăcere.
파밀리아 김:	꾸 쁠러체레

대화2 저녁에 전화해서 미안함을 나타내는 대화

	여보세요, 안녕하세요, 보그단 선생님? 마리안인데요 죄송합니다.
Marian:	Alo, bună seara. Domnul Bogdan? Marian vă
마리안:	알로 부네 쎄아라. 돔눌 보그단? 마리안 버
	deranjează.
	데란제아저.

안녕하세요, 마리안씨. 괜찮습니다. 말씀하세요!

Bogdan:
보그단:
Bună seara, domnul Marian, nu mă deranjaţi
부너 쎄아라, 돔눌 마리안, 누 머 데란자찌
deloc. Spuneţi vă rog!
델록. 스뿌네찌 버 록!

대화3 부동산중개소에 전화로 렌트 문의를 하는 대화

고객:
Client:
끌리엔뜨:
여보세요, 안녕하세요, 리꼬 부동산 중개업소입니까?
Alo, Bună ziua, agenţia imobiliară RICO?.
알로, 부너 지와, 아젠찌아 이모빌리아러 리꼬

중개소:
Agenţia:
아젠찌아:
네, 안녕하세요, 무엇을 도와 드릴까요?
Da, bună ziua, cu ce vă pot ajuta?
다, 부너 지와, 꾸 체 버 뽀뜨 아주따?

Client:
끌리엔뜨:
도르반쯔 광장 지역의 독신자 아파트 렌트건과 관련해
서 전화했습니다.
V-am sunat în legătură cu închirierea unei
밤 쑤나뜨 은 레거뚜러 꾸 은끼리에레아 우네이
garsoniere în zona Piaţa Dorobanţilor.
가르쏘니에레 은 조나 삐아짜 도로반찔로르.

중개소:
Agenţia:
아젠찌아:
네 그 지역에 가능한 물건이 하나 있습니다.
Da, avem una disponibilă în această zonă.
다, 아벰 우나 디스뽀니빌러 은 아체아스떠 조너.

새로 단장한 집이고 아주 멋지게 단장되어 있습니다.
E nou amenajată şi foarte frumoasă.
예 노우 아메나자떠 쉬 포아르떼 프루모아써.

원하신다면 오늘 오후에 그것을 보실 수 있습니다.
Puteţi s-o vedeţi astăzi după amiază dacă
뿌떼찌 쏘 베데찌 아스떠지 두뻐 아미아저 다꺼
doriţi.
도리찌.

고객:	네, 그럼 두 시에 도로반쯔 시장 근처 어딘가에서 만났 으면 좋겠습니다.
Client:	Bine, atunci vreau să ne întâlnim la ora două
끌리엔뜨:	비네, 아뚠치 브레아우 써 네 은뜰님 라 오라 도우어
	undeva lânga Piaţa Dorobanţilor.
	운데바 릉거 삐아짜 도로반찔로르.

중개소:	우체국이 어디에 있는지 아신다면 거기에서 만나기를 제안합니다.
Agenţia:	Vă propun să ne vedem în faţa poştei dacă ştiţi
아젠찌아:	버 쁘로뿐 써 네 베뎀 은 파짜 뽀슈떼이 다꺼 슈띠찌
	unde este.
	운데 예스떼.

고객:	좋습니다, 우체국이 어딘지 압니다. 거기서 만나요.
Client:	Foarte bine, ştiu unde este poşta, ne vedem
끌리엔뜨:	포아르떼 비네, 슈띠우 운데 예스떼 뽀슈따, 네 베뎀
	acolo.
	아꼴로.

중개소:	네, 약속 장소에서 당신을 기다리겠습니다.
Agenţia:	Bine vă aştept la locul întâlnirii.
아젠찌아:	비네 버 아슈뗍뜨 라 록꿀 은뜰니리

 **03** 초대-약속 정하기

▶ 기본 어휘

- 약속
  întâlnire
  은뜰니레

- 약속장소
  Locul întâlnirii
  록꿀   은뜰니리

- 약속시간
  Ora întâlnirii
  오라 은뜰니리

- 선물
  cadou
  까도우

- 늦다
  A întârzia
  아 은뜨르지아

- 손님
  Musafir
  무사피르

- 초대
  Invitaţie
  인비따찌에

- 응대
  Acceptare
  악쳅따레

- 거절
  Refuz
  레푸즈

- 방문
  Vizită
  비지떠

▷ 기본 표현

- 안녕 마리안! 너를 우리집에 초대하고 싶어.
  Bună Marian! Vreau să te invit acasă la mine.
  부너 　마리안! 　브레아우 써 떼 인비뜨 아까써 라 미네.

- 약속 시간을 정했으면 좋겠다.
  Vreau să fixăm ora întâlnirii.
  브레아우 써 픽썸 　오라 은뜰니리.

- 우리 몇 시에 만날까?
  La ce ora ne întâlnim?
  라 체 오라 네 은뜰님

- 당신이 시간 있을 때 전화해 주세요.
  Sunaţi-mă când sunteţi liber![4]
  쑤나찌-머 　끈드 쑨떼찌 　리베르

- 일요일에 저의 집으로 오십시오.
  Veniţi pe la mine duminica.
  베니찌 뻬 라 미네 　두미니까

---

4) când sunteţi liber라는 표현에서 "sunteţi"는 연계동사 a fi의 5인칭 형태로써 "당신"이라는 의미를 나타내며 "liber"는 이 연계동사와 함께 술어부를 구성하는 형용사이다. 따라서 동사의 주어와 성(gen)과 수(număr)에서 일치하여야하며 실제 대화 상황에서 당신에 해당하는 사람의 자연성 그리고 단수–복수에 따라서 곡용하여 사용하여야 한다. 예를 들어, 위의 문장에서 "당신"에서 해당하는 사람이 여성이고 단수라면 형용사 liber의 여성단수 형태인 "liberă"가 사용되어야한다. 위의 문장에서는 liber가 사용되었음으로 당신에 해당하는 사람이 남성이고 단수임을 알 수 있다.

- 내가 다음 달에 너를 방문해도 되겠니?
  Pot să te vizitez lunea viitoare?
  뽀뜨 써 떼 비지떼즈 루네아 비또아레?

- 아쉽지만 제가 시간이 없습니다.
  Din păcate nu sunt liber.
  딘 뻐까떼 누 쑨뜨 리베르

- 저는 오후에는 회사에 있을 것 같습니다.
  Cred că voi fi la firmă după amiază.
  끄레드 꺼 보이 피 라 피르머 두뻐 아미아저.

- 당신을 우리 회사에 초대하고 싶습니다.
  Vrem să vă invităm la firma noastră.
  브렘 써 버 인비떰 라 피르마 노아스뜨러

- 우리 회사에 도착하시기 전에 저에게 전화를 주십시오.
  Să mă sunaţi înainte să ajungeţi la firma noastră.
  써 머 쑤나찌 으나인떼 써 아준제찌 라 피르마 노아스뜨러

- 만약에 약속 일자가 바뀌면 당신께 전화드리겠습니다.
  Vă sun dacă se schimbă data întâlnirii.
  버 쑨 다꺼 쎄 스낌버 다따 은뜰니리.

- 만약에 한국에 오신다면 우리 공장을 방문해 주세요.
  Dacă veniţi în Coreea treceţi pe la fabrica noastră.
  다꺼 베니찌 은 꼬레에아 뜨레체찌 뻬 라 파브리꺼 노아스뜨러.

- 난 지금 한 친구를 방문하는 중이다.
  Sunt în vizită la un prieten.
  쑨뜨 은 비지떠 라 운 쁘리에뗀.

- 당신의 자동차로 오십니까 아니면 기차로 오십니까?
  O să veniţi cu maşina dumneavoastră sau cu trenul?
  오 써 베니찌 꾸 마쉬나 둠네아보아스뜨러 싸우 꾸 뜨레눌?

- 너는 오늘 오후에 시간이 있니?
  Eşti liber astăzi după masă?
  예슈띠 리베르 아스떠지 두뻐 마써?

• 다음 일요일에 당신을 뵙기를 기다리겠습니다.
Aştept să vă văd duminica viitoare.
아슈뗍뜨 써 버 버드 두미니까   비또아레.

• 당신의 초대에 응할 수 없어서 유감입니다.
Regret că nu pot accepta invitaţia dumneavoastră.
레그레드 꺼 누 뽀뜨 써 악쳅따   인비따찌아 둠네아보아스뜨러.

• 자리에 앉으세요!
Luaţi loc, vă rog!
루아찌 록,   버 록!

• 편하게 계세요!
Faceţi-vă comod!
파체찌   버 꼬모드!

• 당신이 저를 기다리게 해서 죄송합니다.
Îmi pare rău că v-am făcut să mă aşteptaţi.
음 빠레 러우 꺼 밤   퍼꾸뜨 써 머   아슈뗍따찌.

• 지금 떠나야만 합니다.
Acum trebuie să plec.
아꿈   뜨레부이에 써 쁠렉.

• 저희가 당신을 공항까지 안내하겠습니다.
Vă conducem până la aeroport.
버 꼰두쳄   쁘너 라 아에로뽀르뜨

대화 ⟩ **대접할 상대방을 초대하는 대화**

다음 주에 당신을 식사에 초대하고 싶습니다.
Ana: Vreau să vă invit la o masă săptămână viitoare.
아나: 브레아우 써 버 인비뜨 라 오 마써   썹떠므너   비또아레.

무슨 일로요?
Ion: Cu ce ocazie?
이온: 꾸 체 오까지에?

특별한 것은 없습니다. 단지 다양한 일들에 대해서 좀 논의
하고 싶습니다.

Ana: Nimic special, doar vreau să discutăm despre
아나: 니믹   스페치알,   도아르 브레어우 써 디스꾸떰   데스프레
diverse lucruri.
디베르세   루크루리.

좋습니다, 그럼 다음 주 화요일이 어떻습니까?

Ion: Bine, atunci cum e marțea viitoare?
이온: 비네,   아뚠치 꿈   예 마르쩨아   비또아레

좋습니다. 레스토랑 "까루 꾸 베레"가 어떠신지요? 그곳의
분위기가 아주 좋습니다.

Ana: Foarte bine. Cum e restaurantul Caru cu Bere?
아나: 포아르떼 비네.   꿈   예 레스타우란뚤   까루   꾸 베레?
E foarte plăcută atomosfera.
예 포아르떼 쁠러꾸떠   아또모스페러.

완벽하네요. 저도 이 식당의 분위기를 좋아합니다.

Ion: Perfect. Îmi place și mie atomosfera acestui
이온: 뻬르펙뜨.   음   쁠라체 쉬 미에 아또모스페라   아체스뚜이
restaurant.
레스타우란뜨.

저녁 6시에 예약을 하면 괜찮을까요?

Ana: E bine dacă fac rezervare la ora șase seara?
아나: 예 비네 다꺼 팍   레제르바레   라 오라 샤세   세아라?

네, 좋습니다.

Ion: Da, E bine.
이온: 다,   예 비네.

대화 손님을 초대한 식당에서의 대화

웨이터: 안녕하세요. 여기 메뉴 있습니다.
Chelner: Bună ziua. Poftiți vă rog meniul.
껠네르: 부너   지우아. 뽀프띠찌 버 록   메니울.

Thema Ⅱ

초대·약속 정하기

고객: 감사합니다.
Client: Mulţumim.
끌리엔뜨: 물쭈밈

웨이터: 한 분이 더 오시나요?
Chelner: Mai vine încă o persoană?
껠네르: 마이   비네   은꺼   오 뻬르쏘아너?

세 분 예약하신 것 같던데요.
Parcă aţi făcut rezervare pentru trei persoane.
빠르꺼   아찌 퍼꾸뜨   레제르바레   뻰뜨루 뜨레이   페르쏘아네

고객: 네, 한 분이 더 오실 것입니다.
Client: Da, o să mai vină încă o persoană.
끌리엔뜨: 다,   오 써   마이   비너   은꺼   오 뻬르쏘아너.

웨이터: 그럼 한 분 더 오시면 같이 주문하시겠습니까?
Chelner: Atunci comandaţi împreună, după ce vine şi
껠네르: 아뚠치   꼬만다찌   음쁘레우너   두뻐   체   비네   쉬

cealaltă persoană?
체알랄떠   뻬르쏘아너?

고객: 네. 하지만 반주로 쭈어꺼 두 잔 부탁합니다.
Client: Da. Dar vă rog să ne aduceţi două pahare de ţuică
끌리엔뜨: 다.   다르 버 록   써 네   아두체찌   도우어 빠하레   데 쭈이꺼

pentru aperitiv.
뻰뜨루   아뻬리띠브.

웨이터: 바로 가져다 드리겠습니다.
Chelner: Imediat.
껠네르: 이메디아뜨

 **04** 물어보기-부탁하기

▷ **기본 어휘**

- 방해하다
  A deranja
  아 데란자

- 화내다
  A supăra
  아 쑤뻐라

- 허락하다
  A permite
  아 뻬르미떼

▷ **기본 표현**

- 제가 담배를 피워도 될까요?
  Vă deranjez dacă fumez?[5]
  버 데란제즈 다꺼 푸메즈?

- 제가 당신 옆에 앉아도 되겠습니까?
  Vă deranjez dacă stau lângă dumneavoastră?
  버 데란제즈 다꺼 스따우 릉거 둠네아보아스뜨러?

---

5) 이 표현의 직역은 "제가 만약에 담배를 피우면 당신을 방해합니까?"이다. 따라서 이
질문에 대해 상대방이 긍정의 대답인 "da"를 한다면 이것은 "담배를 피우는 것이 나
를 방해를 한다"는 것을 의미함으로써 질문에 대해 부정적인 입장이라는 상대방의
의견 표현이다. 반대로 부정의 대답이라 할 수 있는 "nu"는 "담배를 피워도 나를 방
해하지 않는다"는 의미로써 질문에 대한 긍정적인 의견 표현이다. Vă deranjez
dacă...?로 표현되는 질문은 모두 이와 같은 맥락에서 이해될 수 있다.

- 그곳까지 어떻게 갈 수 있는지 저에게 설명해 주실 수 있습니까?
Puteţi să-mi explicaţi cum pot să ajung până acolo?
뿌떼찌 써-미 엑스쁠리까찌 꿈 뽀뜨 써 이중 쁘너 아꼴로?

- 그에게 무슨 일이 일어났는지 저에게 설명해 주실 수 있습니까?
Îmi puteţi explica ce s-a întâmplat cu el?
음 뿌떼찌 엑스쁠리까 체 싸 은뜸쁠라드 꾸 옐?

- 만약에 뭔가 필요하시다면 저에게 알려 주십시오.
Vă rog să mă anunţaţi dacă aveţi nevoie de ceva.
버 록 써 머 아눈짜찌 다꺼 아베찌 네보이에 데 체바.

- 무슨 뜻인지요?
Cum adică?
꿈 아디꺼?

- 무엇에 관한 이야기입니까?
Despre ce este vorba?
데스프레 체 예스떼 보르바?

- 부탁이 하나 있습니다.
Am o rugăminte.
암 오 루거민떼.

- 실례합니다!
Nu vă supăraţi!6)
누 버 수뻐라찌!

- 실례합니다!
Nu te supăra!7)
누 떼 수뻐라!

---

6) 상대방에게 질문을 할 때 양해를 구하는 표현이다. 이 표현은 "a supăra" 동사의 5인칭 형태로 존칭 표현에 해당된다.
7) 위의 표현과 같은 의미로써 상대방에게 질문을 할 때 양해를 구하는 표현이며 차이점은 비존칭 표현이라는 점이다.

- 실례합니다!
  Fiţi amabil!8)
  피찌 아마빌!

- 실례합니다!
  Fiţi amabilă!9)
  피찌 아마빌러!

- 저를 도와 주시겠습니까?
  Puteţi să mă ajutaţi?
  뿌떼찌 써-머 아주따찌?

- 당신께 뭘 좀 여쭤봐도 될까요?
  Pot să vă întreb ceva?
  뽀뜨 써 버 은뜨레브 체바?

- 저에게 택시 한대 불러 주시겠습니까?
  Puteţi să-mi chemaţi un taxi?
  뿌떼찌 써-미 께마찌 운 딱씨?

- 저하고 말씀하실 시간이 좀 있으십니까?
  Aveţi puţin timp să vorbiţi cu mine?
  아베찌 뿌찐 띰쁘 써 보르비찌 꾸 미네?

- 누구에게 물어볼 수 있습니까?
  Pe cine pot să întreb?
  뻬 치네 뽀뜨 써 은뜨레브?

---

8) 이 표현은 상대방에게 질문을 할 때 양해를 구하는 표현이며 상대방이 남자인 경우에 사용하는 표현으로 남성형용사인 "amabil"의 형태에 주의할 필요가 있다.

9) 이 표현은 위의 표현과 같이 상대방에게 질문을 할 때 양해를 구하는 표현이며 상대방이 여자인 경우에 사용하는 표현이다. 상대방이 여성임으로 형용사 역시 "amabil"의 여성형인 "amabilă"(아마빌러)를 사용한다는 점에 유의할 필요가 있다.

대화 상점에서 전화를 좀 빌려쓰게 해달라는 내용

손님: 부탁이 하나 있는데요, 여기서 전화 한 통해도 될까요?
Client: Am o rugăminte. Pot să dau un telefon de aici?
끌리엔뜨: 암 오 루거민떼. 뽀뜨 써 다우 운 뗄레폰 데 아이치?

제 휴대전화가 완전히 방전되어서요.
Mi s-a descărcat telefonul de tot.
미 싸 데스꺼르까뜨 뗄레폰눌 데 또뜨.

직원: 죄송합니다. 전화를 사용하게 해드리고 싶지만 제 맘대로 할 수는 없습니다.
Angajat: Îmi pare rău, v-aş lăsa dar nu pot să hotărăsc eu!
안가자뜨: 음 빠레 러우. 바쉬 라사 다르 누 뽀뜨 써 호떠러스크 예우.

메니저에게 물어봐야 합니다.
Trebuie să-l întreb pe manager.
뜨레부이에 썰 은뜨레브 뻬 마나제르.

하지만 지금은 메니저가 잠시 자리를 비워서요.
Dar managerul e plecat momentan.
다르 마나제룰 예 쁠레까뜨 모멘딴.

손님: 알겠습니다. 어째거나 감사합니다.
Client: Am înţeles. Mersi oricum.
끌리엔뜨: 암 은쩰레스. 메르씨 오리꿈.

직원: 천만에요.
Angajat: N-aveţi pentru ce.
안가자뜨: 나베찌 뻰드루 체.

 **사과표현**

▷ 기본 어휘

- 화난
  Supărat
  수뻐라뜨

- 혼란스러운
  Confuz
  꼰푸즈

- 당혹스러운
  Jenat
  제나뜨

- 자신감있는
  Încrezător
  은끄레저또르

- 무서운
  Speriat
  스뻬리아뜨

- 놀란
  Mirat
  미라뜨

▷ 기본 표현

- 미안합니다!
  Îmi pare rău!
  음 빠레 러우!

- 늦어서 미안합니다!
Îmi pare rău că am întârziat!
음 빠레 러우 꺼 떼 암 은뜨르지아뜨!

- 너무 미안합니다!
Îmi pare foarte rău!
음 빠레 포아르떼 러우!

- 날 용서해 줘!
Mă scuzi!
머 스꾸지!

- 저를 용서해 주세요!
Mă scuzaţi!
머 스꾸자찌!

- 죄송합니다!
Îmi cer scuze!
음 치르 스꾸제!

대화 지각에 대해서 사과하는 내용

학생: 죄송합니다. 늦었습니다.
Student: Mă scuzaţi că am întâziat.
스뚜덴뜨: 머 스꾸자찌 꺼 암 은뜨르지아뜨.

교수: 문제없어. 여기까지 도로가 막혔나 보구나.
Profesor: Nu e nicio problemă. Cred că a fost aglomerat
프로페쏘르: 누 예 니치오 쁘로블레머. 끄레드 꺼 아 포스뜨 아글로메라뜨

drumul până aici.
드루물 쁘너 아이치.

그렇지않니?
Nu e aşa?
누 예 아샤?

학생:　　　　아니, 길은 안막혔는데요, 제가 늦잠을 잤습니다.
Student:　Nu, drumul era liber, dar am dormit până târziu.
스뚜덴뜨:　누,　드루물　예라 리베르, 다르 암 도르미뜨 쁘너　뜨르지우.

교수:　　　　넌 정말 정직하구나!
Profesor:　Ce sincer eşti!
프로페쏘르:　체　신체르　예슈띠!

 **위로표현**

▷ 기본 어휘

• 걱정되는
Îngrijorat
은그리조라뜨

• 슬픈
Trist
뜨리스뜨

• 유감스러운
Regret
레그레뜨

• 놀란
Şocat
쇼까뜨

▷ 기본 표현

• 유감입니다!
Îmi pare rău!
음 빠레 러우!

• 매우 유감입니다!
Îmi pare foarte rău!
음 빠레 포아르떼 러우!

• 말할 수 없을 정도로 유감입니다!
Îmi pare nespus de rău!
음 빠레 네스뿌스 데 러우!

- 너 정말 불쌍하게 됐구나!
  Săracul de tine!
  써라꿀 데 띠네!

나 북역에서 도둑맞았어. 돈을 모두 털렸어.

Kim:
김:
Am fost jefuit în Gara de Nord. Am pierdut toţi
암 포스뜨 제푸이뜨 은 가라 데 노르드. 암 삐에르두뜨 또찌
banii.
바니.

세상에나! 너 경찰에 알렸니?

Ana:
아나:
Doamne! Ai anunţat la poliţie?
도암네! 아이 아눈짜뜨 라 뽈리찌에?

아니. 도둑 맞았다고 알아차렸을 때 난 너무 놀랐어.

Kim:
김:
Nu. Am fost foarte şocat când mi-am dat seama că
누. 암 포스뜨 포아르떼 쇼까뜨 끈드 미 암 다뜨 쎄아마 꺼
am fost jefuit
암 포스뜨 제푸이뜨.

난 그 때 정신을 잃었었어.
Mi-am pierdut mintea atunci.
미 암 삐에르두뜨 민떼아 아뚠치.

도난 보험이 없니?

Ana:
아나:
Nu ai asigurare pentru furt?
누 아이 아시구라레 뻰뜨루 푸르뜨?

아니 보험 있어. 돈을 받기 위해서는 경찰서에서 확인이 필요해.

Kim:
김:
Ba da, am asigurare. Îmi trebuie o confirmare de la
바다, 암 아씨구라레. 음 뜨레부이에 오 꼰피르마레 데 라
poliţie ca să recuperez bani.
뽈리찌에 까 써 레꾸뻬레즈 바니.

Thema Ⅱ

위로표현

내가 너와 함께 경찰서 가줄까?

Ana: Vrei să merg împreună cu tine la poliţie?

아나: 브레이 써 메르그 음쁘레우너   꾸 띠네 라 뽈리찌에?

아무래도 경찰서가 어디에 있는지도 모르는거 같은데.

Parcă nici nu ştii unde este poliţia.

빠르꺼 니치 누 슈띠 운데   예스떼 뽈리찌아.

나와 함께 가주면 아무래도 큰 도움이 될거야. 고마워!

Kim: Ar fi de mare ajutor dacă ai veni cu mine. Mersi!

김: 아르 피 데 마레   아주또르 다꺼   아이 베니 꾸 미네.   메르씨!

천만에.

Ana: N-ai pentru ce.

아나: 나이 뻰뜨루   체

 **축하-기원 표현**

▷ 기본 어휘

- 기원하다 (1인칭시 urez)
  A ura
  아 우라

- 원하다 (1인칭시 doresc)
  A dori
  아 도리

- 기뻐하다 (1인칭시 mă bucur)
  A se bucura
  아 쎄 부끄라

- 건강
  Sănătate
  써너따떼

- 행복한
  Fericit
  페리치뜨

- 즐거운
  Plăcut
  쁠러꾸뜨

▷ 기본 표현

- 모든 좋은 것을 그리고 좋은 일만 있기를 빕니다!
  Toate cele bune şi numai bine!
  또아떼   첼레 부네   쉬 누마이   비네!

- 당신에게 즐거운 한 해가 되기를 기원합니다!
  Vă urez anul nou fericit!
  버 우레즈 아눌 노우 페리치뜨!

- 너의 생일을 맞이하여 가장 좋은 기원을 보낸다.
  Cele mai bune urări pentru ziua ta de naştere!
  첼레 마이 부네 우러리 뻰뜨루 지우아 따 데 나슈떼레!

- 너의 어머니의 건강을 기원한다!
  Să-ţi trăiască mama!
  써 찌 뜨러이아스꺼 마마!

- 너의 결혼을 맞이하여 오래 행복하길 기원한다.
  Îţi urez mulţi ani fericiţi cu ocazia căsătoriei tale.
  으찌 우레즈 물찌 아니 페리치찌 꾸 오까지아 꺼써또리에이 딸레.

- 당신의 누이에게 안부를 전해주길!
  Salutări surorii tale!
  쌀루떠리 쑤로리 딸레!

- 너의 여자친구에게 나의 안부를 전해주기 바래.
  Transmite salutările mele prietenei tale.
  뜨란스미떼 쌀루떠리 멜레 쁘리에떼네이 딸레.

대화 생일을 축하해주는 내용

오늘 너 생일 아니니? 생일 축하해!
Bogdan: Azi nu e ziua ta? La mulţi ani!
보그단: 아지 누 예 지우아 따? 라 물찌 아니!

맞는데. 고마워. 어떻게 내 생일을 기억했니?
Maria: Ba da. Mersi. Cum ţi ai amintit de ziua mea?
마리아: 바 다. 메르씨. 꿈 찌 아이 아민띠뜨 데 지우아 메아?

왜냐하면 오늘이 나의 엄마의 생일이기도 하거든.
Bogdan: Pentru că azi e şi ziua mamei mele.
보그단: 뻰뜨루 꺼 아지 예 쉬 지우아 마메이 멜레.

그래? 난 몰랐어. 엄마 생일 선물은 준비했니?

Maria: Da? N-am ştiut. Ai pregătit cadou pentru ziua
마리아: 다? 남 슈띠우뜨. 아이 쁘레거띠뜨 까도우 쁜뜨루 지으아
mamei?
마메이?

물론이지.

Bogdan: Sigur că da.
보그단: 씨구르 꺼 다.

넌 좋은 아들이야.

Maria: Eşti băiat bun.
마리아: 예스띠 버이야뜨 분.

너에게도 작은 선물을 준비했어. 여기 있어.

Bogdan: Am pregătit şi pentru tine un mic cadou.
보그단: 암 쁘레거띠뜨 쉬 쁜뜨루 띠네 운 믹 까도우.
Poftim.
뽀프띰.

진짜? 고마워! 그럴 필요 없었는데. 뭐야?

Maria: Zău! Mersi! Nu trebuia. Ce este?
마리아: 저우? 메르씨! 누 뜨레부이아. 체 예스떼?

천만에. 향수야.

Bogdan: Cu plăcere. Este un parfum.
보그단: 꾸 쁠러체레. 예스떼 운 빠르품.

고마워.

Maria: Mersi mult.
마리아: 메르씨 물뜨.

Thema

장소별 표현

01 여가생활 장소: 극장-영화관, 바, 카페테리아

1.1 극장-영화관

▷ **기본 어휘**

- 줄, 열
  Rând
  른드

- 자리
  Loc
  록

- 박스석
  Lojă
  로저

- 발코니석
  Balcon
  발꼰

- 무대앞 일등석
  Stal
  스딸

- 연극작품
  Piesă de teatru
  삐에써 데 떼아뜨루

- 남자배우
  Actor
  악또르

- 여자배우
  Actriță
  악뜨리쩌

- 감독
  Regizor
  레지조르

- 제작자
  Producător
  쁘로두꺼또르

- 초연
  Premieră
  쁘레미에러

- 휴식시간
  Pauză
  빠우저

- 프로그램
  Program
  쁘로그람

- 팝콘
  Floricele de porumb
  플로리첼레 데 쁘룸브

- 코미디
  Comedie
  꼬메디에

- 로맨틱 코미디
  Comedie romantică
  꼬메디에 로만띠꺼

- 어드벤쳐 영화
  Film de aventură
  필므 데 아벤뚜러

여가생활 장소 : 극장·영화관·바·카페테리아

III. 장소별 표현 **115**

• 에스에프 영화
Film sf
필므 에스에프

• 공포영화
Film de groază
필므　데　그로아저

• 박스오피스
Casă de bilete
까써　데　빌레떼

▷ 기본 표현

• 우리와 함께 갈래?
Vii cu noi?
비　꾸　노이?

• 첫 상영은 몇 시 입니까?
La ce ora începe primul film?
라　체　오라 은체뻬　쁘리물　필므?

• 극장이 어디에 있나요?
Unde este teatrul?
운데　에스떼 떼아뜨룰?

• 극장에서 오늘 무슨 공연이 있나요?
Ce se joacă astă seară la teatru?
체　쎄　조아꺼　아스떠 쎄아러 라 떼아뜨루?

• 오늘 무슨 영화를 상영 중인가요?
Ce film se joacă astăzi?
체　필므　쎄　조아꺼　아스터지?

• 오늘 극장은 쉽니다.
Astăzi teatrul este închis.
아스터지　떼아뜨룰　에스떼　은끼스.

- 온라인 예약이 가능한가요?
  Se poate face rezervare online?
  쎄 뽀아떼 파체 레제르바레 온라인?

- 이것은 한국어 자막이 있는 미국 영화입니다.
  Este un film american subtitrat în coreeană.
  예스떼 운 필므 아메리칸 숩띠뜨라뜨 은 꼬레아너.

- 표 한장에 얼마입니까?
  Cât costă un bilet?
  꿋 꼬스떠 운 빌레뜨?

- 15레이 입니다
  Cincisprezece lei.
  친치스프레제체 레이

- 이 영화는 몇 시에 시작합니까?
  La ce ora începe acest film?
  라 체 오라 은체뻬 아체스뜨 필므?

- 2시에 시작합니다.
  La ora două.
  라 오라 도우어.

대화 영화에 초대하는 내용

연극 한편을 보고 싶어요.
A: Aş vrea să văd o piesă de teatru.
아쉬 브레아 써 버드 오 삐에서 데 떼아뜨루.

당신들도 저와 함께 같이 가시겠습니까?
Vreţi să veniţi cu mine?
브레찌 써 베니찌 꾸 미네?

미안하게됐어. 우리는 오늘 영화관에 가는데.
B: Îmi pare rău. Noi mergem la cinema astăzi.
음 빠레 러우. 노이 메르젬 라 치네마 아스떠지.

아무 문제 없어. 극장에 아나도 올거야.

A: Nicio problemă. Va veni şi Ana la teatru.
니치오 쁘로블레머.　바 베니 쉬 아나 라 떼아뜨루.

알겠어. 너희들 즐거운 시간 보내길 바래!

B: Am înţeles. Distracţie plăcută vă dorim!
암　은쩰레스. 디스뜨락찌에 쁠러꾸떠　버 도림!

고마워 너희들도!

A: Mersi la fel!
메르씨 라 펠!

1.2 바

▷ **기본 어휘**

• 맥주
  Bere
  베레

• 스타우트 맥주
  Bere brună
  베레 브루너

• 진
  Gin
  진

• 보드카
  Votcă
  보뜨꺼

• 위스키
  Whisky
  위스키

- 럼
  Rom
  롬

- 코냑
  Coniac
  꼬니악

- 포도주
  Vin
  빈

- 백포도주
  Vin alb
  빈　알브

- 적포도주
  Vin roşu
  빈　로슈

▷ 기본 표현

- 무엇을 마시고 싶으신가요?
  Ce doriţi să beţi?
  체　도리찌　써　베찌?

- 더 원하시는게 있으신가요? 마지막 주문을 받습니다. 바가 5분 후
  에 받을 예정입니다.
  Mai doriţi ceva? Vreau să iau ultima comandă. Se
  마이　도리찌　체바?　브레우　써　이아우　울띠마　꼬만더.　　쎄
  închide barul în 5 minute.
  은끼데　바룰　은　친치　미누떼.

- 어떤 포도주를 가지고 계신가요?
  Ce vinuri aveţi?
  체　비누리　아베찌?

- 제게 백 포도주 한병과 미네랄 워터 한병을 가져다 주세요.
  Aduceţi-mi o sticlă de vin alb şi o apă minerală.
  아두체찜   오 스띠끌러 데 빈 알브 쉬 오 아뻐 미네랄러.

- 계산서 가져다 주세요!
  Nota de plată, vă rog!
  노따 데 쁠라떠 버 록!

- 생맥주 오백 주세요.
  O halbă de bere, vă rog!
  오 할버   데 베레, 버 록!

- 포도주 더 드릴까요?
  Mai doriţi vin?
  마이 도리찌   빈?

- 건배!
  Sănătate!
  써너따떼!

- 건배!
  Noroc!
  노록!

대화 1   바에서 포도주를 주문하는 내용

고객:	백포도주 한 병 주문하고 싶습니다.
Client:	Vreau să comand o sticlă de vin alb.
끌리엔뜨:	브레아우 써 꼬만드 오 스띠끌러 데 빈 알브
웨이터:	어떤 종류를 원하시나요? 저희에게는 루마니아산과 프랑스산이 있습니다.
Chelner:	Ce fel de vin doriţi? Avem vin românesc şi
껠네르:	체 펠 더 빈 도리찌? 아벰 빈 로므네스크 쉬
	franţuzesc.
	프란쭈제스크.

고객: 루마니아산 포도주를 원합니다.
Client: Vrem vin românesc.
끌리엔뜨: 브렘 빈 로므네스크

웨이터: 무르파뜰라르가 있습니다. 괜찮습니까?
Chelner: Avem Murfatlar. E bine?
껠네르: 아벰 무르파뜰라르. 예 비네?

고객: 아주 좋습니다.
Client: Foarte bine.
끌리엔뜨: 포아르떼 비네

웨이터: 스파클링 워터도 원하시나요?
Chelner: Doriţi şi apă minerală?
껠네르: 도리찌 쉬 아뻐 미네랄러?

고객: 네, 좋을 것 같군요.
Client: Da, ar fi bine.
끌리엔뜨: 다, 아르 피 비네

웨이터: 어떤 종류를 원하시나요? 도르나와 보르섹이 있습니다.
Chelner: De care doriţi? Avem Dorna şi Borsec.
껠네르: 데 까레 도리찌? 아벰 도르나 쉬 보르섹.

고객: 보르섹을 원합니다.
Client: Vreau Borsec.
끌리엔뜨: 브레아우 보르섹

웨이터: 감사합니다. 바로 가져다 드리겠습니다.
Chelner: Mulţumesc. Vă aduc imediat.
껠네르: 물쭈메스끄. 버 아둑 이메디아뜨.

대화 2 바에서 맥주를 주문하는 내용

고객: 맥주 몇 병을 주문하고 싶습니다.
Client: Vrem să comandăm nişte beri.
끌리엔뜨: 브렘 써 꼬만덤 니슈떼 베리.

웨이터:	어떤 종류를 원하시나요? 우리는 루마니아산과 외국산 맥주가 있습니다.
Chelner:	De care bere doriţi? Avem bere românească şi
껠네르:	데 까레 베레 도리찌? 아벰 베레 로므네아스커 쉬
	străină.
	스뜨러이너.

고객:	전 루마니아산 맥주를 원합니다. 우르쑤스 있나요?
Client:	Eu vreau bere românească. Aveţi Ursus?
끌리엔뜨:	예우 브레아우 베레 로므네아스커. 아베찌 우르쑤스?

웨이터:	네, 우르쑤스있습니다. 드릴까요?
Chelner:	Da, avem Ursus. Vă aduc?
껠네르:	다, 아벰 우르수스. 버 아둑?

고객:	네, 고맙습니다.
Client:	Da. Mulţumesc.
끌리엔뜨:	다, 물쭈메스끄

웨이터:	바로 드리겠습니다.
Chelner:	Imediat.
껠네르:	이메디아뜨

1.3 카페테리아

▷ 기본 어휘

• 생수 (가스없는 생수)
  Apă plată
  아뻐 쁠라떠

• 생수 (가스있는 생수)
  Apă minerală
  아뻐 미네랄러

- 토닉 워터
  Apă gazoasă
  아뻐 가조아써

- 차
  Ceai
  체아이

- 커피
  Cafea
  까페아

- 핫초코
  Ciocolată caldă
  치오꼴라떠　깔더

- 레모네이드
  Limonadă
  리모나더

- 주스
  Suc
  쑥

- 포도주스
  Suc de struguri
  쑥　데　스뜨루구리

- 오렌지 주스
  Suc de portocale
  쑥　데　뽀르또깔레

▷ 기본 표현

- 근처에 좋은 카페테리아가 있습니까?
  Este o cofetărie bună în apropiere?
  예스테 오 꼬페떠리에　부너　은　아쁘로삐에레?

여가생활 장소 :: 극장-영화관 · 바 · 카페테리아

Thema

여가생활 장소 :: 극장·영화관 · 바 · 카페테리아

- 문학대학 근처에 우아한 카페테리아가 생겼습니다.
  Lângă facultatea de litere s-a deschis o cofetărie elegantă.
  룽거 파꿀따데아 데 리떼레 싸 데스끼스 오 꼬페떠리에 엘레간떠.

- 전 아주 차가운 생수 하나를 마시고 싶습니다.
  Aş dori să beau o apă minerală foarte rece.
  아쉬 도리 써 베아우 오 아뻐 미네랄러   포아르떼 레체.

- 마실거 드릴까요?
  Vă pot oferi ceva de băut?
  버 뽀뜨 오페리 체바 데 버우뜨?

- 전 사과주스를 좋아해요.
  Îmi place sucul de mere.
  음 쁠라체 수꿀 데 메레.

- 콜라 좋아하지 않으세요?
  Nu vă place cola?
  누 버 쁠라체 꼴라?

- 여기요, 테이블이 젖어 있습니다. 자리를 바꿔 주세요.
  Domnule, masa este udă. Vă rog să-mi schimbaţi locul.
  둠놀레,   마싸 예스떼 우더. 버 록 썸   스낌바찌   록꿀.

- 여기요, 테이블이 더럽습니다. 자리를 바꿔 주세요.
  Domnule, masa este murdară. Vă rog să-mi schimbaţi
  둠놀레,   마싸 예스떼 무르다러. 버 록 썸   스낌바찌
  locul.
  록꿀.

- 저에게 재떨이를 하나 가져다 주세요.
  Vă rog, să-mi aduceţi o scrumieră.
  버 록, 썸   아두체찌 오 스크루미에러.

- 커피 두 잔하고 아이스크림 하나요.
  Două cafele şi o îngheţată, vă rog.
  도우어 까펠레 쉬 오 은게짜떠,   버 록.

124 루마니아어 회화 사전

대화   카페테리아에서 커피와 케잌을 주문하는 내용

고객: 아메리카노 커피 한잔과 천연 오렌지 쥬스 한잔이요.
Client: Vreau o cafea americană şi un suc natural de
끌리엔뜨: 브레아우 오 까페아 아메리까너   쉬 운 쑥 나뚜랄   데
            portocale.
            뽀르또깔레

직원: 다른 것도 원하시나요?
Personal: Altceva?
뻬르쏘날: 알뜨체바?

고객: 저쪽에 있는 케잌도 하나 주세요.
Client: Vreau şi o prăjitură de acolo.
끌리엔뜨: 브레아우 쉬 오 쁘러지뚜러   데 아꼴로.

직원: 이거요?
Personal: Asta?
뻬르쏘날: 아스따?

고객: 네
Cleint: Da
끌리엔뜨: 다

직원: 다른 필요한 것이 있습니까?
Personal: Altceva?
뻬르쏘날: 알뜨체바?

고객: 아니요.
Client: Atât.
끌리엔뜨: 아뜨뜨

직원: 25레이 입니다.
Personal: 25 de lei, vă rog.
뻬르쏘날: 도우어제치 쉬 친치 데 레이, 버 록

Thema Ⅲ

여가생활 장소 : : 극장·영화관 · 바 · 카페테리아

III. 장소별 표현 **125**

고객:	여기 있습니다.
Client:	Poftiţi.
끌리엔뜨:	뽀프띠찌.

직원:	감사합니다.
Personal:	Mulţumesc.
뻬르쏘날:	물쭈메스끄

02 교통기관 이용장소별 : 기차역 · 공항 · 자동차 렌트 · 택시 · 버스 · 지하철

2.1 기차역

▶ **기본 어휘**

- 루마니아 철도
  Căile Ferate Româneşti (CFR)
  꺼일레 페라떼   로므네슈띠

- 대기실
  Sala de aşteptare
  쌀라   데   아슈뗍따레

- 짐보관소
  Birou de bagaje
  비로우   데   바가제

- 매표소
  Ghişeu de bilete
  기쉐우   데   빌레떼

- 역
  Gară
  가러

- 플랫폼
  Peron
  뻬론

- 플랫폼 번호
  Numărul liniei
  누머룰 리니에이

• 여행객
Călător
껄러또르

• 창문
Fereastră
페레아스뜨러

• 문
Uşă
우셔

• 시간표
Orar
오라르

• 출발
Plecare
쁠레까레

• 도착
Sosire
쏘씨레

• 기차
Tren
뜨렌

• 기관차
Locomotivă
로꼬모띠버

• 열차 한 량
Vagon
바곤

• 침대칸
Vagon de dormit
바곤   데   도르미뜨

• 식당칸
Vagon restaurant
바곤   레스따우란뜨

• 객차내 독립된 방
Compartiment
꼼빠르띠멘뜨

• 자리
Loc
록

• 특급열차
Săgeata Albastră
써제아따   알바스뜨러

▶ 기본 표현

• 여기가 북역입니까?
Aici este Gara de nord?
아이치 예스떼 가라   데 노르드?

• 북역은 여기서 먼가요?
Gara de nord este departe de aici?
가라   데 노르드 예스떼 데빠르떼   데 아이치?

• 여행안내소가 어디에 있습나까?
Unde este biroul de informare turistică?
운데   에스떼 비로울   데 인포르마레   뚜리스띠꺼?

• 클루즈로 가는 첫 기차가 몇시에 떠나나요?
La ce oră pleacă primul tren la Cluj?
라   체   오러 쁠레아꺼   쁘리물   뜨렌 라 끌루즈?

• 브라쇼브까지 왕복 일등석 기차표값이 얼마인가요?
Cât costă un bilet dus şi întors la clasa întâi până la Braşov?
꼿   꼬스떠 운   빌레뜨 두스 쉬 은또르스 라 끌라싸 은뜨이 쁘너   라 브라쇼브?

- 여기는 제 자리입니다.
  Aici este locul meu.
  아이치 예스떼 록꿀　메우.

- 이 자리는 비어 있나요?
  Acest loc e liber?
  아체스　록　예 리베르?

대화 1	기차역에서 표를 구매하는 내용

고객: 꼰스딴짜행 5시 기차 왕복표를 사고 싶습니다.
Client: Vreau să cumpăr un bilet dus şi întors până la
끌리엔뜨: 브레아우 써 꿈뻐르　운 빌렛　두스 쉬 은또르스 쁘너라
Constanţa, la trenul de la ora cinci.
꼰스딴짜,　　라 뜨레눌 데 라 오라 친치

매표원: 몇 등 칸이요?
Funcţionar: La ce clasă?
풍찌오나르: 라 체 클라써?

고객: 2등칸 부탁합니다.
Client: Clasa a doua, vă rog.
끌리엔뜨: 끌라싸 아 도우아　버 록.

매표원: 30 레이입니다.
Funcţionar: 30 de lei, vă rog.
풍찌오나르: 뜨레이제치 데 레이 버 록.

대화 2	기차에서 만나서 여행객 사이에 대화하는 내용

루마니아인: 어디에서 오셨나요?(어느 나라 사람이신가요?)
Român: De unde sunteţi?
로믄: 데　운데　쑨떼찌?

한국인:	저는 한국에서 왔습니다.
Coreean:	Sunt din Coreea.
꼬레에안:	쑨뜨 딘 꼬레아.

루마니아인:	당신은 학생이신가요 아니면 회사에서 일하시나요?
Român:	Sunteţi studenţi sau lucraţi la o firmă?
로믄:	쑨떼찌 스뚜덴찌 싸우 루끄라찌 라 오 피르머?

한국인:	저는 회사에서 일하구요 이 사람은 문학부 박사과정 생입니다.
Coreean:	Eu lucrez la firma, iar el este doctorand la literatură.
꼬레에안:	예우 루끄레즈 라 피르머, 이아르 엘 예스떼 독또란드 라 리떼라뚜러.

루마니아인:	멋지군요! 어디까지 가시나요?
Român:	Ce frumos! Până unde mergeţi?
로믄:	체 푸르모스! 쁘너 운데 메르제찌?

한국인:	시나이아까지 갑니다. 일 한 후에 우리에게는 맑은 공기와 휴식이 필요합니다.
Coreean:	Mergem până la Sinaia. După muncă, ne trebuie aer curat şi odihnă.
꼬레에안:	메르젬 쁘너 라 씨나이아. 두뻐 문꺼, 네 뜨레부이에 아에르 꾸라뜨 쉬 오디흐너.

루마니아인:	물론이지요.
Român:	Sigur că da.
로믄:	씨구르 꺼 다.

2.2 공항

▶ 기본 어휘

- 터미날
  Terminal
  떼르미날

- 국제항공편
Zbor internaţional
즈보르 인떼르나찌오날

- 연결, 커넥션
Corespondenţă
꼬레스뽄덴쩌

- 트랜지션
Tranzit
뜨란지뜨

- 항공편 번호
Număr de zbor
누머르 데 즈보르

- 출입국심사
Imigrare
이미그라레

- 항공사
Companie aeriană
꼼빠니에 아에리아너

- 직항
Zbor direct
즈보르 디렉뜨

- 창
Fereastră
페레아스뜨러

- 복도
Coridor
꼬리도르

- 날개
Aripă
아리뻐

- 활주로
Pistă de zbor
삐스떠 데　즈보르

- 이륙
Decolare
데꼴라레

- 착륙
Aterizare
아떼리자레

- 캐빈 (선실)
Cabină
까비너

- 크루 (선실 승무원)
Echipaj
에끼빠즈

- 무게
Greutate
그레우따떼

- 안전벨트
Centură de siguranţă
첸뚜러　데　씨구란쩌

- 세관
Vamă
바머

- 수하물 컨베이어 벨트
Bandă rulantă
반다　룰란떠

- 보안
Siguranţă
씨구란쩌

- 방학, 휴가
  Vacanţă
  바깐쩌

- 기내 가방
  Bagaje de mână
  바가제　데 므너

- 비자
  Viză
  비저

- 보딩패스
  Talon de îmbarcare
  딸론　데　음바르까레

- 항공권
  Bilet de avion
  빌렛　데　아비온

- 목적지
  Destinaţie
  데스띠나찌에

- 비상문
  Ieşire de urgenţă
  이에쉬레아 데 우르젠쩌

- 여승무원
  Stewardesă
  스떼와르데써

- 등받이
  Spătar
  스뻐따르

- 접히는 탁자
  Masă pliantă
  마써　쁠리안떠

▶ 기본 표현

• 전 두 개의 가방이 있습니다.
Am două valize.
암 　 도우어 발리제

• 이것도 무게를 달아야 합니다.
Trebuie cântărit şi acesta.
뜨레부이에 끈떠리뜨 　 쉬 아체스타.

• 이것을 기내용 가방으로 가져가고 싶습니다.
Vreau s-o iau cu mine ca bagaj de mână.
브레아우 쏘 　 이아우 꾸 미네 　 까 바가즈 데 므너.

• 이 가방에 대해서도 지불해야 합니다.
Trebuie să plătiţi pentru acest bagaj.
뜨레부이에 　 써 쁠러띠찌 뻰뜨루 　 아체스뜨 바가즈.

• 가방이 몇 개나 있나요?
Câte bagaje aveţi?
끄떼 　 바가제 　 아베찌?

• 이 양식을 기입해 주시기 바랍니다.
Vă rog să completaţi aceste formulare.
버 록 　 써 꼼쁠레따찌 　 아체스떼 포르물라레.

• 여행객들은 10번 게이트로 오시기 바랍니다.
Pasagerii sunt rugaţi să se prezinte la poarta nr. 10.
빠싸제리 　 쑨뜨 루가찌 써 쎄 쁘레진떼 　 라 뽀아르따 누머룰 제체.

• 부쿠레슈티행 비행기는 대략 2시간 지연됩니다.
Zborul spre Bucureşti are o întârziere de aproximativ
즈보룰 　 스프레 부꾸레슈띠 　 아레 오 은뜨르지에레 데 아쁘록씨마띠브
două ore.
도우어 오레.

• 시간이 얼마나 걸리나요?
Cât timp durează drumul?
끗 　 띰쁘 　 두레아저 　 드루물?

- 저녁 7시에 다른 비행편이 있습니다.
  Mai este alt zbor la ora 7 seara.
  마이 예스떼 알뜨 즈보르 라 오라 샵떼 쎄아라.

- 다음 비행편에 자리들이 있나요?
  Mai sunt locuri la următoarea cursă?
  마이 쑨뜨 로꾸리 라 우르머또아레아 꾸르써?

- 런던행 비행기가 지금으로부터 한 시간 전에 이륙했습니다.
  Avionul spre Londra a decolat acum o oră.
  아비오눌 스프레 론드라 아 데꼴라뜨 아꿈 오 오러.

- 비행기는 지금 하강중입니다.
  Avionul este în coborâre.
  아비오눌 예스떼 은 꼬보르레.

- 전 비행기 멀미가 있습니다.
  Am rău de avion.
  암 러우 데 아비온.

| 대화1 | 전화로 비행기 시간표와 예매에 대해 문의하는 내용 |

고객:　　　　월요일 클루즈행 비행 스케줄을 말씀해 주시겠습니까?
Client:　　Îmi puteţi spune orarul zborului de luni, la Cluj?
끌리엔드:　　음 뿌떼찌 스뿌네 오라룰 즈보룰루이 데 루니, 라 끌루즈?

여행사:　　　클루즈까지 매일 두편이 운항합니다.
Agenţia de turism: Sunt două curse la Cluj în fiecare zi.
아젠찌아 데 뚜리즘:　　쑨뜨 도우어 꾸르쎄 라 끌루즈 은 피에까레 지.

아침 비행편은 7시에 있구요,
Zborul de dimineaţă este la ora şapte,
즈보룰 데 디미네아쩌 예스테 라 오라 샵떼,

저녁 비행편은 8시에 있습니다.
iar zborul de seară este la ora opt.
이아르 즈보룰 데 쎄아러 예스떼 라 오라 옵뜨.

고객:	전화로 예약할 수 있나요?
Client:	Pot să fac rezervare prin telefon?
끌리엔뜨:	뽀뜨 써 팍 레제르바레 쁘린 뗄레폰?

여행사:	아니요, 하지만 인터넷으로 예약하실 수 있습니다.
Agenţia de turism:	Nu se poate, însă puteţi face rezervare prin internet.
아젠찌아 데 뚜리즘:	누 쎄 뽀아떼, 은써 뿌떼찌 파체 레제르바레 쁘린 인떼르넷.

	우리 싸이트 주소를 말씀 드릴까요?
	Doriţi să vă spun adresa Site-ului nostru?
	도리찌 써 버 스뿐 아드레싸 싸이툴루이 노스뜨루?

고객:	아니요 괜찮습니다. 벌써 주소를 알고 있습니다.
Client:	Nu mulţumesc. Deja ştiu adresa.
끌리엔뜨:	누 물쭈메스끄. 데자 슈띠우 아드레싸.

여행사:	네 그럼. 즐거운 여행되시길 기원합니다. 안녕히 계세요.
Agenţia de turism:	Bine atunci. Vă doresc călătorie plăcută. La revedere!
아젠찌아 데 뚜리즘:	비네 아뚠치. 버 도레스크 껄러또리에 쁠러꾸떠. 라 레베데레!

고객:	감사합니다. 안녕히 계세요!
Client:	Mulţumesc. La revedere!
끌리엔뜨:	물쭈메스끄. 라 데베데레!

대화2 호텔 프론트에 공항 사용에 대해서 문의하는 내용

고객:	몇 시까지 공항에 가야 합니까?
Client:	Până la ce oră trebuie să mă prezint la aeroport?
끌리엔뜨:	쁘너 라 체 오라 뜨레부이에 써 머 쁘레진뜨 라 아에로뿌르뜨?

리셉션: 국제선 항공편의 경우,
Recepţie: Pentru zborul internaţional,
레쳅찌에: 뻰뜨루 즈보룰 인떼르나찌오날,

출발 세 시간전에는 공항에 있어야 합니다.
trebuie să fiţi la aeroport cu trei ore înainte de
뜨레부이에 써 피찌 라 아에로뽀르뜨 뜨레이 오레 으나인떼 데
plecare.
쁠레까레

고객: 택시 요금이 대략 얼마나되는지 말씀해 주실 수 있습니까?
Client: Îmi puteţi spune cam cât costă taxlul?
끌리엔뜨: 음 뿌떼찌 스뿌네 깜 꿋 꼬스터 딱씨울

부꾸레슈띠 중심에서 헨리 코안다 공항까지요.
Din centrul Bucureştiului până la aeroportul
딘 첸뜨룰 부꾸레슈띠울루이 쁘너 라 아에로뽀르뚤
Henri Coanda.
헨리 꼬안다.

리셉션: 정확히는 모르지만 100레이 이하일 것 입니다.
Recepţie: Nu ştiu exact, însă cred că vă costă mai puţin
레쳅찌에: 누 슈띠우 에그작뜨, 은써 끄레드 꺼 버 꼬스떠 마이 뿌찐
de 100 de lei.
데 오 수떠 데 레이.

고객: 정보에 대해서 감사드립니다.
Client: Mersi mult pentru informaţii.
끌리엔뜨: 메르씨 물뜨 뻰뜨루 인포르마찌

리셉션: 만약에 원하신다면, 공항까지 택시를 예약해드릴 수 있습니다.
Recepţie: Dacă doriţi, pot să vă fac rezervare pentru un
레쳅찌에: 다꺼 도리찌, 뽀뜨 써 버 팍 레제르바레 뻰뜨루 운
taxi.
딱씨.

고객:　　　네, 좋을것 같습니다. 당신은 정말 친절하시군요.
Client:　　Da, ar fi foarte bine. Sunteţi foarte amabil.
끌리엔뜨:　다, 아르 피 포아르떼 비네. 쑨떼찌 　포아르떼 아마빌.

▷ 기본 어휘

- 자동차
  Maşină
  마쉬너

- 소형 자동차
  Maşină mică
  마쉬너　　미꺼

- 세단형 자동차
  Berlină
  베를리너

- 웨건형 자동차
  Maşină break
  마쉬너　　브렉

- SUV
  Maşină de teren
  마쉬너　　데 떼렌

- 자동기어
  Automat
  아우또마뜨

- 에어컨
  Climatizare
  끌리마띠자레

Thema Ⅲ

교통기관 이용장소별 : 기차역 · 공항 · 자동차 렌트 · 택시 · 버스 · 지하철

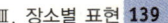

- 핸들
  Volan
  볼란

- 앞유리창
  Parbriz
  빠르브리즈

- 밧데리
  Acumulator
  아꾸물라또르

- 렌치
  Manivelă
  마니벨러

- 스패어 타이어
  Roată de rezervă
  로아떠 데 레제르버

- 고장
  Pană
  빠너

- 머플러
  Eşapament
  에샤빠멘뜨

- 기름통
  Rezervor
  레저르보르

- 타이어
  Cauciuc
  까우치욱

- 부동액
  Antigel
  안띠젤

- 벨트
  Curea
  꾸레아

- 기술공
  Mecanic
  메까닉

- 타이어 수리
  Vulcanizare
  불까니자레

- 의무보험
  Asigurare obligatorie
  아씨구라레 　오블리가또리에

- 종합보험
  CASCO
  까스꼬

- 자동차 면허증
  Permis de conducere
  뻬르미스 데 꼰두체레

- 유효성, 유효기간
  Valabilitate
  발라빌리따떼

- 자동차 서류
  Actele maşinii
  악뗄레 　마쉬니

- 자동차 등록증
  Talonul maşinii
  딸로눌 　마쉬니

- 휘발유
  Benzină
  벤지너

- 경유
  Motorină
  모또리너

- 주유소
  Benzinărie
  벤지너리에

- 자동차 렌트
  Închirieri maşini
  은끼리에리   마시니

- 무제한
  Fără limită
  퍼러 리미떠

- 보증금
  Garanţie
  가란찌에

- 일방통행
  Sens unic
  쎈쓰 우닉

- 위험!
  Pericol!
  뻬리꼴!

- 사거리
  Intersecţie
  인떼르쎅찌에

- 돌아가시오!
  Ocolire!
  오꼴리레

- 공사중 도로
  Drum în reparaţii
  드룸   은 레빠라찌에

• 통행금지
Trecerea interzisă
뜨레체레아 인떼르지써

• 주차금지
Parcarea interzisă
빠르까레아 인떼르지써

▷ 기본 표현

• 자동차로 전 일정을 다닐 것이다.
Tot drumul îl voi face cu maşina.
또 드루물   을 보이 파체 꾸 마쉬나.

• 나에게 자동차운전면허가 있다.
Am permis de conducere la mine.
암   뻬르미스 데 꼰두체레   라 미네.

• 어떤 종류의 자동차를 가지고 계십니까?
Ce fel de maşină aveţi?
체 펠 데 마쉬너   아베찌?

• 이 자동차가 기름을 많이 먹나요?
Această maşină consumă mult?
아체아스떠 마쉬너   꼰쑤머   물뜨?

• 자동차를 한 대 렌트하고 싶습니다.
Vreau să închiriez o maşină.
브레아우 써 은끼리에즈   오 마쉬너.

• 새 자동차 입니까? 몇 년도에 생산된 자동차 입니까?
Este maşină nouă? În ce an este fabricată?
예스떼 오 마쉬너 노우어? 은 체 안 예스떼 파브리까떠?

• 자동차 상태는 좋습니다. 운행거리도 짧습니다.
Maşina este în stare bună. Are kilometri puţini.
마쉬나   예스떼 은 스따레 부너.   아레 낄로메뜨리 뿌찌니.

교통기관 이용장소별 ·· 기차역 · 공항 · 자동차 렌트 · 택시 · 버스 · 지하철

• 5일간 300레이이며 여기에 추가해서 보증금이 200 유로입니다.
Vă costă 300 de lei pentru 5 zile plus garanţie 200 de
버 꼬스떠 뜨레이 수떼 데 레이 뻰뜨루 친치 질레 쁠루쓰 가란찌에   도우어 수떼 데
Euro.
에우로.

• 보증금은 반드시 신용카드로 지불되어야 합니다.
Garanţia trebuie plătită cu carte de credit.
가란찌아   뜨레부이에 쁠러띠떠 꾸 까르떼 데 끄레딧.

• 빌린 자동차가 고장났습니다.
Maşina închiriată este în pană.
마쉬나   은끼리아떠   예스떼 은 빠너.

• 자동차 시동이 걸리지 않습니다.
Maşina nu porneşte.
마쉬나   누 뽀르네슈떼.

• 여기에 주차해도 되나요?
Pot să parchez aici?
뽀뜨 써 빠르께즈   아이치?

• 자동차 타이어 정비소가 어딘지 말씀해 주실 수 있습니까?
Îmi puteţi spune unde este o vulcanizare?
음 뿌떼찌 스뿌네 운데   예스떼 오 불까니자레?

• 운전면허증과 자동차 서류 주세요.
Permisul de conducere şi actele maşinii, vă rog.
뻬르미쑬   데 꼰두체레   쉬 악뗄레   마쉬니 버록.

• 길 상태가 좋지 않습니다.
Drumul este în stare proastă.
드루물   예스떼 은 스따레 쁘로아스떠.

• 얼마나 멉니까?
Cât de departe este?
꿋 데 데빠르떼?

144 루마니아어 회화 사전

• 지금 잘못된 길로 가고 있습니다.
Acum mergeţi pe un drum greşit.
아꿈 메르제찌 뻬 운 드룸 그레쉿.

대화1 운전을 하다가 행인에게 주유소 위치를 묻는 내용

운전자: 여기 근처에 주유소가 있나요?
Conducător: Este vreo benzinărie pe aici?
꼰두꺼또르: 에스떼 브레오 벤지너리에 뻬 아이치?

            전 휘발유가 필요합니다.
            Am nevoie de benzină.
            암 네보이에 데 벤지너.

            기름을 주유해야 합니다.
            Trebuie să alimentez cu benzină.
            뜨레부이에 써 알리멘떼즈 꾸 벤지너

행인: 아주 가까운 곳에 주유소가 하나 있습니다.
Trecător: Este o benzinărie foarte aproape.
뜨레꺼또르: 에스떼 오 벤지너리에 포아르떼 아쁘로어뻬.

            똑바로 대략 2킬로미터 정도가면 한 주유소를 발견할 것
            입니다.
            Mergeţi drept înainte cam 2 kilometri şi veţi
            메르제찌 드렙뜨 으나인떼 깜 도우어 낄로메뜨리 쉬 베찌
            găsi una.
            거시 우나.

운전자: 아직 열려있나요?
Conducător: Este deschisă încă?
꼰두꺼또르: 에스떼 데스끼써 은꺼?

행인: 그럴겁니다. 보통 늦게까지 열려있습니다.
Trecător: Cred că da. De obicei este deschisă până târziu.
뜨레꺼또르: 끄레드 꺼 다. 데 오비체이 에스떼 데스끼써 쁘너 뜨르지우.

교통기관 이용장소별 ·· 기차역 · 공항 · 자동차 렌트 · 택시 · 버스 · 지하철

운전자: 정말 감사합니다.
Conducător: Vă mulţumim frumos.
끈두꺼또르: 버 물쭈밈 프루모스.

행인: 천만에요.
Trecător: Cu plăcere.
뜨레꺼또르: 꾸 쁠러체레.

교통경찰: 당신은 법정 속도를 초과했습니다.
Poliţia rutieră: Aţi depăşit viteza legală.
뽈리찌아 루띠에러: 아찌 데빠쉬뜨 비떼자 레갈러.

운전자: 언제요? 어디서요?
Conducător: Când? unde?
끈두꺼또르: 끈드? 운데?

교통경찰: 5분전 마을입구에서입니다.
Poliţia rutieră: Acum cinci minute, la intrarea în sat.
뽈리찌아 루띠에러: 아꿈 친치 미누떼, 라 인뜨라레아 은 싸뜨.

시속 10 킬로미터를 초과하셨습니다.
Aţi depăşit 10 kilometri pe oră.
아찌 데뻐쉬뜨 제체 낄로메뜨리 뻬 오러.

운전자: 법정 최대 속도가 얼마인가요?
Conducător: Care este viteza maximă legală?
끈두꺼또르: 까레 예스떼 비떼자 막씨머 레갈러?

교통경찰: 시속 50킬로미터 입니다.
Poliţia rutieră: Este 50 de kilometri pe oră.
뽈리찌아 루띠에러: 예스떼 친제치 데 낄로메뜨리 뻬 오러.

운전자: 믿을 수가 없네요. 전 아주 천천히 갔는데요.
Conducător: Nu-mi vine să cred. Am mers foarte încet.
끈두꺼또르: 눔 비네 써 끄레드. 암 메르쓰 포아르떼 은체뜨.

교통경찰:　　　만약에 원하신다면 속도계를 보여드릴 수 있습니다.

Poliția rutieră: Dacă doriți, pot să vă arăt pe radar.

뽈리찌아 루띠에러:　다꺼　도리찌,　뽀뜨 써 버 아러뜨 뻬 라다르.

▷ 기본 어휘

- 택시
  Taxi
  딱씨

- 택시기사
  Taximetrist
  딱씨메뜨리스뜨

- 택시미터
  Taximetru
  딱씨메뜨루

- 요율
  Tarif
  따리프

▷ 기본 표현

- 북역까지 요금이 얼마인가요?
  Cât costă cursa până la Gara de Nord?
  꿋　꼬스떠 꾸르싸 뻐너　라 가라　데　노르드?

- 택시 한 대만 불러주실 수 있으신지요?
  Puteți să-mi chemați un taxi, vă rog?
  뿌떼찌 썸　　께마찌　운 딱씨,　버 록?

Thema Ⅲ

교통기관 이용장소별 :: 기차역 · 공항 · 자동차 렌트 · 택시 · 버스 · 지하철

• 도르반쯔 시장으로 부탁합니다.
La piaţa dorobanţilor vă rog.
라 삐아짜 도로반찔로르   버 록.

• 저를 우니리 광장으로 데려다 주세요.
Duceţi-mă la Piaţa Unirii.
두체찌   머 라 삐아짜 우니리.

• 25레이 입니다.
25 de lei vă rog.
도우어제치 쉬 친치 데 레이 버록

• 영수증 주시겠습니까?
Puteţi să-mi daţi chitanţa?
뿌떼찌 썸   다찌 끼딴짜?

• 가장 덜 붐비는 길로 갑시다.
Mergem pe drumul cel mai liber.
메르젬   뻬 드루물   첼 마이 리베르.

• 그곳에서 머무르십니까? 아니면 당신을 기다릴까요?
Rămâneţi acolo? Sau vă mai aştept?
러므네찌   아꼴로? 싸우 버 마이 아슈뗍뜨?

• 잔돈은 가지세요!
Lăsaţi restul!
러싸찌   레스뚤!

• 한쪽으로 붙이세요. 여기서 내립니다.
Trageţi pe dreapta. Cobor aici.
뜨라제찌 뻬 드레압따.   꼬보르 아이치.

• 장치가 작동하나요? 택시미터기가 작동하나요?
Merge aparatul? Merge taximetrul?
메르제   아빠라뚤?   메르제   딱씨메뜨룰?

고객: 암제이 시장으로 가 주세요.
Client: La piaţa Amzei, vă rog.
끌리엔뜨: 라 삐아짜 암제이,   버 록

택시운전자: 바로 암제이 시장으로 가시나요?(목적지가 암제이 시장
              이신가요?)
Taximetrist: Chiar la piaţa Amzei mergeţi?
딱씨메뜨리스뜨: 끼아르 라 삐아짜 암제이   메르제찌?

고객: 시장으로 가는건 아니구요.
Client: Nu mă duc chiar la piaţă.
끌리엔뜨: 누 머 둑   끼아르 라 삐아쩌.

              암제이 시장 옆에 있는 중식 레스토랑에 갑니다.
              Mă duc la un restaurant chinenezesc care este
              머 둑   라 운 레스따우란뜨 끼네제스끄   까레 예스떼
              lângă piaţa Amzei.
              릉거   삐아짜 암제이

              드라곤 이라고 합니다.
              Se numeşte Dragon.
              쎄 누메슈떼   드라곤.

택시운전자: 아, 드라곤 식당이 어디에 있는지 압니다. 빅토리아 거
              리에 있습니다.
Taximetrist: Ah, ştiu unde este restaurantul Dragon. Este pe
딱씨메뜨리스뜨: 아, 슈띠우 운데   예스떼 레스따우란뚤   드라곤.   예스떼 뻬
              calea Victoriei.
              깔레아 빅또리에이.

고객: 어딘지 아신다면 아주 잘 됐습니다.
Client: Este foarte bine dacă ştiţi unde este.
끌리엔뜨: 예스떼 포아르떼 비네 다꺼   슈띠찌 운데   여 스떼.

택시운전자: 그럼 첫번째 신호등에서 좌회전 해야만 합니다.

Taximetrist: **Atunci trebuie să facem stânga la primul**

딱씨메뜨리스뜨: 아뚠치 뜨레부이에 써 파쳄 스뜬가 라 쁘리물

semafor.

쎄마포르

대화 2 전화로 콜 택시를 부르는 내용

고객: 안녕하세요. 바티스테이 거리로 택시 한 대를 부르고 싶습니다.

Client: **Sărut mână. Vreau să comand un taxi pe strada**

끌리엔뜨: 써룻므너. 브레아우 써 꼬만드 운 딱씨 뻬 스뜨라다

Batistei.

바띠스떼이.

접수담당자: 몇 번지인가요?

Recepţionistă: **Ce număr?**

레쳅찌오니스떠: 체 누머르?

고객: 20번지이구요, 3번 블록이구요, 아파트 5번 입니다. 출입구는 하나입니다.

Client: **Numărul 20, bloc 3, apartament 5 cu o singură**

끌리엔뜨: 누머룰 도우어제치, 블록 뜨레이, 아빠르따멘뜨 친치 꾸 오 씽구러

scară.

스까러.

접수담당자: 성함이 어떻게 되십니까?

Recepţionistă: **Cum vă numiţi?**

레쳅찌오니스떠: 꿈 버 누미찌?

고객: 보그단입니다.

Client: **Bogdan**

끌리엔뜨: 보그단

접수담당자: 잠시만 기다려 주세요.

Recepţionistă: **Aşteptaţi un moment.**

레쳅찌오니스떠: 아슈뗍따찌 운 모멘뜨.

234번 차가 5분안에 도착합니다.
Maşina 234 în cinci minute
마쉬나   도이 뜨레이 빠뜨루 은 친치 미누떼.

고객: 감사합니다.
Client: **Mulţumesc.**
끌리엔뜨: 물쭈메스끄

접수담당자: 천만에요.
Recepţionistă: **Cu plăcere**
레쳅찌오니스떠: 꾸   쁠러체레.

2.5 버스 · 지하철

▷ 기본 어휘

- 버스
  Autobuz
  아우또부즈

- 자동문
  Uşă automată
  우셔   아우또마떠

- 정지버튼
  Buton de oprire
  부똔   데 오쁘리레

- 버스터미널
  Gară auto
  가러   아우또

- 버스 정류소
  Staţie de autobuz
  스따찌에 데 아우또부즈

- 트램
  Tramvai
  뜨람바이

- 지하철
  Metrou
  메뜨로우

- 트롤레이버스
  Troleibuz
  뜨롤레이부즈

- 소형버스
  Microbuz
  미크로부즈

- 티켓
  Bilet
  빌레뜨

- 2회용 티켓
  Bilet cu două călătorii
  빌레뜨 꾸 도우어 껄러또리

- 방향
  Direcţie
  디렉찌에

- 지하철입구
  Intrarea metroului
  인뜨라레아 메뜨로울루이

- 지하철 역
  Staţia de metrou
  스따찌아 데 메뜨로우

▷ 기본 표현

- 십회권 표 한 장 주세요.
 Daţi-mi un bilet cu zece călătorii.
 다찜 운 빌레뜨 꾸 제체 껄러또리.

- 어디에 가장 가까운 지하철역이 있습니까?
 Unde este cea mai apropiată staţie de metrou?
 운데 예스떼 체아 마이 아쁘로삐아떠 스따찌에 데 메뜨로우?

- 여기의 어떠한 버스를 타더라도 당신을 대학광장으로 데려간다.
 Oricare autobuz de aici vă duce la piaţa Universităţii.
 오리까레 아우또부즈 데 아이치 버 두체 라 삐아짜 우니베르씨떠찌.

- 이 버스가 헤러스뜨러우 공원으로 가나요?
 Autobuzul acesta merge la parcul Herăstrău?
 아우또부즐 아체스따 메르제 라 빠르꿀 헤러스뜨러우?

- 이 버스를 타고 마지막 정거장까지 가세요!
 Mergeţi cu autobuzul acesta până la ultima staţie!
 메르제찌 꾸 아우또부줄 아체스따 쁘너 라 울띠마 스따찌에!

대화 | 버스정류장에서 버스 번호를 물어보는 내용

죄송합니다만, 몇 번 버스가 시내로 가는지 아시나요?
Ana: **Scuzaţi-mă, ştiţi ce număr de autobuz merge spre**
아나: 스꾸자찌 머, 슈띠찌 체 누머르 데 아우또부즈 메르제 스쁘레
centru?
첸뜨루?

여기에서 정차하는 모든 버스가 시내로 가는 것 같습니다.
Bogdan: **Cred că toate autobuzele care opresc aici vă duc**
보그단: 끄레드 꺼 또아떼 아우또부젤레 까레 오쁘레스크 아이치 버 둑
spre centru.
스쁘레 첸뜨루.

알겠습니다, 그러니까 어떤 버스든지 시내로 간다는 것이지요?

Ana: **Am înţeles, deci orice autobuz merge în centru, da?**
아나: 암 은쩰레쓰, 데치 오리체 아우또부즈 메르제 은 첸뜨루 다?

네 그렇게 알고있습니다. 하지만 잘못된 길로 가지 않도록 다른 사람에게도 물어보세요.

Bogdan: **Da, aşa ştiu, dar să mai întrebaţi pe altcineva să nu**
보그단: 다 아샤 슈띠우, 다르 써 마이 은뜨레바찌 뻬 알치네바 써 누

mergeti pe drumul greşit
메르제찌 뻬 드루물 그레쉬뜨.

03 공공기관 : 학교, 관청, 경찰서, 비자국

3.1 학교

▶ 기본 어휘

- 남자교수
  Profesor
  프로페쏘르

- 여자교수
  Profesoară
  프로페쏘아러

- 남학생
  Student
  스뚜덴뜨

- 여학생
  Studentă
  스뚜덴떠

- 석사학위 혹은 석사학위가 있는 자
  Master
  마스떼르

- 석사학위과정
  Masterat
  마스떼랏

- 박사학위과정생
  Doctorand
  독또란드

• 박사학위 또는 박사학위가 있는 자
Doctorat
독또랏

• 세미나 수업을 진행하는 강사
Seminarist
쎄미나리스뜨

• 교수직 혹은 교수실
Catedră
까떼드러

• 수업, 학년
Clasă
끌라써

• 열람실
Sala de lectură
쌀라 데 렉뚜러

• 사무실
Birou
비로우

• 책
Carte
까르떼

• 공책
Caiet
까이엣

• 외국인 담당부서
Biroul de relaţii externe
비로울 데 렐라찌 엑스떼르네

• 총장직 혹은 대학본부
Rectorat
렉또랏

▷ 기본 표현

- 문리대학이 어디에 있습니까?
  Unde este facultatea de litere?
  운데 예스떼 파꿀따떼아 데 리떼레?

- 전 한국에서 왔습니다.
  Sunt din Coreea de Sud.
  쑨뜨 딘 꼬레아 데 쑤드.

- 삼성에서 일합니다.
  Lucrez pentru firma Samsung.
  루끄레즈 뻰뜨루 피르마 삼성.

- 사내 장학금으로 공부합니다.
  Studiez cu bursă de la firma.
  스뚜디에즈 꾸 부르써 데 라 피르마

- 국가 장학금으로 공부합니다.
  Studiez cu bursă de la stat.
  스뚜디에즈 꾸 부르써 데 라 스따뜨.

- 자비로 공부하니 아니면 장학금으로 공부하니?
  Studiezi pe cont propriu sau cu bursă?
  스뚜디에지 뻬 꼰뜨 쁘로쁘리우 싸우 꾸 부르써?

- 그는 정규수업을 듣는 학생이니 아니면 수업을 듣지 않는 학생이니?
  Este cu frecvenţă sau fără?
  예스떼 꾸 프렉벤쩌 싸우 퍼러?

- 저에게 학생증을 만들어 주시기 바랍니다.
  Vreau să-mi faceţi carnet de student.
  브레아우 썸 파체찌 까르네뜨 데 스뚜덴뜨.

- 전 루마니아어 어학과정에 등록하고 싶습니다.
  Vreau să mă înscriu în anul pregătitor de limba română.
  브레아우 써 머 은스크리우 은 아눌 쁘레거띠또르 데 림바 로므너.

• 등록을 위해서는 학비를 내셔야 합니다.
Trebuie să plătiţi taxa şcolară pentru înscriere.
뜨레부이에 써 쁠러띠찌 딱싸 슈꼴라러 뻰뜨루 은스크리에레.

대화 대학교에서 입학절차를 문의하는 내용

김선생님: 안녕하세요, 마리아나 선생님.
Domnul Kim: Sărut mâna, doamna Mariana.
돔눌 김: 써룻 므나, 도암나 마리아나.

마리아나 선생님: 김선생님 안녕하세요.
Doamna Mariana: Bună ziua domnul Kim.
도암나 마리아나: 부너 지우와 돔눌 김

김선생님: 교육부에서 저의 서류들이 왔습니까?
Domnul Kim: Au venit dosarele mele de la Ministerul
돔눌 김: 아우 베니뜨 도싸렐레 멜레 데 라 미니스데룰
Învăţământului?
은버쩌믄뚤루이?

마리아나 선생님: 그런것 같습니다. 한번 볼께요. 잠시만 기다려 주
세요.
Doamna Mariana: Cred că da. O să mă uit. Numai puţin, vă
도암나 마리아나: 끄레드 꺼 다. 오 써 머 우잇. 누마이 뿌찐, 버
rog.
록.

김선생님: 네
Domnul Kim: Da
돔눌 김: 다

마리아나 선생님: 서명된 서류들을 찾았습니다.
Doamna Mariana: Am găsit dosarele semnate.
도암나 마리아나: 암 거씻 도싸렐레 셈나떼.

이 서류들을 가지고 은행으로가서 학비를 내세요.
Duceţi-vă cu aceste dosare la bancă şi plătiţi
두체찌   버 꾸 아체스떼 도싸레   라 방꺼   쉬 쁠레띠찌
taxa şcolară.
딱싸   슈꼴라러.

김선생님: 그리고 무슨 일을 더 해야 하나요?
Domnul Kim: Şi ce mai am de făcut?
돔눌   김: 쉬 체 마이 암 데 퍼꾸뜨?

마리아나 선생님: 그리고 은행에서의 영수증을 가지고 저에게 오셔
                    야 합니다.
Doamna Mariana: Trebuie să veniţi la mine cu chitanţa de la
도암나   마리아나: 뜨레부이에 써 베니찌 라 미네 꾸 끼딴짜   데 라
bancă.
방꺼.

                    그리고 나서는 비자를 받으러 가실 것입니다.
                    După aceea o să vă duceţi pentru viză.
                    두뻐   아체에아 오 써 버 두체찌   뻰뜨루   비저.

                    그러니까 먼저 학비를 내세요.
                    Deci mai întâi plătiţi taxa şcolară.
                    데치   마이 은뜨이 쁠러띠찌 딱싸 슈꼴라러.

                    다시 돌아오시면 그때 한번 더 설명드릴께요. 좀
                    복잡합니다.
                    Vă mai explic când vă întoarceţi. E cam
                    버 마이 익스쁠릭 끈드   버 은또아르체찌. 예 깜
                    complicat.
                    꼼쁠리까트.

김선생님: 알겠습니다, 정말 감사합니다.
Domnul Kim: Am înţeles, mulţumesc mult.
돔눌   김: 암   은쩰레스, 물쭈메스끄   물뜨.

마리아나 선생님:　별말씀을요.

Doamna Mariana: N-aveţi pentru ce.

도암나　마리아나:　나베찌　뻰뜨루　체

3.2 관청

▷ 기본 어휘

- 정부
  Guvern
  구베른

- 국무총리
  Prim ministru
  쁘림　미니스뜨루

- 장관
  Ministru
  미니스뜨루

- 부
  Minister
  미니스떼르

- 도
  Judeţ
  주데쯔

- 도지사
  Prefect
  쁘레펙뜨

- 대도시단위 행정구역
  Municipiu
  무니치삐우

- 시청
  Primărie
  쁘리머리에

- 시장
  Primar
  쁘리마르

- 부시장
  Vice primar
  비체　쁘리마르

- 구청
  Primăria sectorului
  쁘리머리아　쎅또룰루이

- 구청장
  Primarul sectorului
  쁘리마룰　쎅또룰루이

- 공무원
  Funcţionar public
  풍찌오나르　뿌블릭

- 부서
  Direcţie
  디렉찌에

- 부서
  Departament
  데빠르따멘뜨

- 위원회, 의회
  Consiliu
  꼰씰리우

- 영사
  Consul
  꼰쑬

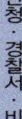

Thema Ⅲ

공공기관 : 학교·관청·경찰서·비자국

- 민원신청서
  Cerere
  체레레

- 본인
  Subsemnat
  쑵쎔나뜨

▶ 자동차 취등록관련 어휘*

- 행정 및 내무부
  Ministerul Administraţiei şi Internelor
  미니스뜨룰   아드미니스뜨라찌에이 쉬 인떼르넬로르.

- 면허증 및 자동차 등록부서
  Direcţia Regim Permise de Conducere şi Înmatricularea
  디렉찌아   레짐   뻬르미세   데 꼰두체레   쉬 은마뜨리꿀라레아
  Vehiculelor
  베히꿀렐로르

- 자동차 등록
  Înmatricularea autovehiculelor
  은마뜨리꿀라레아   아우또베히꿀렐로르

- 자동차 말소
  Radierea autovehiculelor
  라디에레아   아우또베히꿀렐로르

- 자동차 등록증
  Talonul maşinii
  딸로눌   마쉬니

- 기술승인
  Omologarea tehnică
  오몰로가레아   떼흐니꺼

• 도로세
  Taxa de drum
  딱싸 데 드룸

• 자동차 공해세
  Taxa de poluare auto
  딱싸 데 뽈루아레 아우또

• 자동차 등록세
  Taxa de înmatriculare auto
  딱싸 데 은마뜨리꿀라레 아우또

• 자동차 의무 보험
  Asigurarea obligatorie auto
  아씨구라레아 오블리가또리에 아우또

▶ 기본 표현

• 민족관계부가 어디에 있습니까?
  Unde este departamentul pentru relaţii interetnice?
  운데 예스떼 데빠르따멘뚤 뻰뜨루 렐라찌 인떼르에뜨니체?

• 전 해당 사람과 오후 두 시에 약속이 있습니다.
  Am întâlnire cu persoana respectivă la ora 2 după amiază.
  암 은뜰니레 꾸 뻬르쏘아나 레스뻭띠버 라 오라 도우어 두뻐 아미아저.

• 이 프로젝트에 신청하기 위해서는 하나의 신청서를 더 작성해야
  합니다.
  Pentru aplicarea la acest proiect, trebuie să completaţi
  뻰뜨루 아쁠리까레아 라 아체스뜨 쁘로이엑뜨, 뜨레부이에 써 꼼쁠레따찌
  încă o cerere.
  은꺼 오 체레레.

• 전 저의 비자를 연장하기 위하여 서류들을 제출하러 왔습니다.
  Am venit să depun actele pentru extinderea vizei mele.
  암 베닛 써 데뿐 악뗄레 뻰뜨루 엑스띤데레아 비제이 멜레.

• 비자를 받기 위해서 당신은 세무서에서의 확인이 필요합니다.

Vă trebuie confirmarea de la secţia financiară pentru a

lua 버 뜨레부이에 꼰피르마레아   데 라 쎅찌아 피난치아러   뻰뜨루

아 루아

viza.

비자.

| 대화 | 자동차 수입철차에 대한 문의 내용 |

공무원:　　　　　안녕하세요, 무엇을 도와 드릴까요?

Funcţionar public: Bună ziua, cu ce vă pot ajuta?

풍찌오나르　뿌블릭:　부너　지우아, 꾸 체 버 뽀뜨 아주따?

외국인:　안녕하세요, 한국에서의 자동차 수입에 대해서 문의하러 왔
습니다.

Străin: Bună ziua, am venit să întreb despre procedurile

스뜨러인:　부너　지우아, 암 베니뜨 써 은뜨레브 데스쁘레 쁘로체두릴레

de import auto din Coreea.

데 임뽀르뜨 아우또 딘 꼬레아

외국인:　수입 자동차의 기술 인가를 위한 과정이 무엇인지에 대해서
알고 싶습니다.

Străin: Vreau să ştiu care este procedura pentru

스뜨러인:　브레아우 써 슈띠우 까레 예스떼 쁘로체두라　뻰뜨루

omologarea tehnică a unei maşini importate.

오몰로가레아　떼흐니꺼 아 우네이 마쉬니 임뽀따떼.

공무원:　　　　자동차들이 처음으로 루마니아에 수입될 것인지요?

Funcţionar public: Maşinile vor fi importate prima dată în

풍찌오나르　뿌블릭:　마쉬닐레　보르 피 임뽀르따떼　쁘리마　다떠 은

România?

로므니아?

외국인:　네, 루마니아에 첫 번째 자동차 수입이 될 것입니다.

Străin: Da, vor fi primele importuri de maşini în România.

스뜨러인:　다,　보르 피 쁘리멜레　임뽀르뚜리 데 마쉬니 은 로므니아.

공무원:　　　　그렇다면 이 문제의 담당자와 직접 논의를 하셔야
　　　　　　　만 합니다.

Funcţionar public: Atunci trebuie să discutaţi direct cu
풍찌오나르　　뿌블릭:　아뚠치　　뜨레부이에 써　디스꾸따찌　디렏드　꾸

persoana care se ocupă cu această
뻬르쏘아나　까레　쎄　오꾸뻐　꾸　아체아스떠

problemă.
쁘로블레머.

외국인:　누가 담당하지요?

Străin: Cine se ocupă?
스뜨러인:　치네　쎄　오꾸뻐

공무원:　　　　그로자 씨가 수입자동차의 승인을 담당합니다.

Funcţionar public: Domnul Groza se ocupă cu omologarea
풍찌오나르　　뿌블릭:　돔눌　　　그로자　쎄　오꾸뻐　꾸　오몰로가레아

maşinilor importate.
마쉬닐로르　　임뽀르따떼.

저의 동료가 당신을 그의 사무실로 안내하기 위해
서 올 것입니다.

Colegul meu va veni să vă conducă în
꼴레굴　　메우　바　베니　쎄　버　꼰두꺼 라

biroul lui.
비로울　루이.

외국인:　감사합니다.

Străin: Mulţumesc.
스뜨러인:　물쭈메스끄

공무원:　　　　천만에요.

Funcţionar public: Cu plăcere.
풍찌오나르　　뿌블릭:　꾸　쁠러체레

▶ 기본 어휘

- 경찰
Poliţie
뽈리찌에

- 교통경찰
Poliţia rutieră
뽈리찌아 루띠에러

- 자동차 등록
Înmatricularea vehiculelor
은마뜨리꿀라레아   베히꿀렐로르

- 경찰관
Poliţist
뽈리찌스뜨

- 경찰서
Secţie de poliţie
쎅찌에   데 뽈리찌에

- 사이렌
Sirenă
씨레너

- 경찰차
Maşină de poliţie
마쉬너   데 뽈리찌에

- 수갑
Cătuşe
꺼뚜쉐

- 경위
Ofiţer de poliţie
오피쩨르 데   뽈리찌에

- 형사
  Detectiv
  데떼띠브

- 범죄
  Crimă
  끄리머

- 항의
  Plângere
  쁠른제레

- 조사
  Anchetă
  안께떠

- 용의자
  Suspect
  쑤스뻭뜨

- 체포
  Arestare
  아레스따레

- 지문
  Amprente
  암쁘렌떼

- 강도
  Jaf
  자프

- 공격
  Agresiune
  아그레씨우네

- 감옥
  Celulă
  첼룰러

▷ 기본 표현

- 경찰을 불러 주세요!
  Vă rog chemaţi poliţia!
  버 록   께마찌   뽈리찌아!

- 경찰에 전화하세요!
  Sunaţi la poliţie!
  쑤나찌   라 뽈리찌에!

- 전 북역 지역에서 도둑맞았습니다.
  Am fost jefuit în zona Gării de Nord.
  암   포스뜨 제프이뜨 은 조나   거리   데 노르드.

- 길에 있는 도둑들을 조심하세요!
  Vă rog să aveţi grijă la hoţii de pe stradă!
  버 록   써 아베찌 그리져 라 호찌 데 뻬 스뜨라데!

- 전 빅토리아 거리에서 자동차 사고를 당했습니다.
  Am avut accident de maşină pe Calea Victoriei.
  암   아부뜨 악치덴뜨,   데 마쉬너   뻬 깔레아 빅또리에이.

- 누군가가 문을 부수고 저의 집을 도둑질 했습니다.
  Cineva a spart uşa şi a furat din casa mea.
  치네바   아 스빠르뜨 우샤 쉬 아 푸랏   딘   까사 메아.

대화   경찰서에서 도난 사건을 신고하는 내용

관광객: 전 클루즈에서 부쿠레슈티로 가는 530번 기차에서 도난
          을 당했습니다.

Un turist: Am fost jefuit în trenul nr. 530 care mergea
운 뚜리스뜨: 암   포스뜨 제프이뜨 은 뜨레눌   누머룰 친수떼 뜨레이제치 까레 메르제아

          dinspre Cluj înspre Bucureşti.
          딘 스프레   끌루즈 은스프레 부꾸레슈띠.

경찰:	몇 시에 도난을 당하셨나요?
Poliţist:	La ce ora aţi fost jefuit?
뽈리찌스뜨:	라 체 오라 아찌 포스뜨 제프이뜨?

관광객:	잠들어있었기 때문에 기억을 하지 못합니다.
Un turist:	Nu-mi amintesc pentru că dormeam.
운 뚜리스뜨:	눔 아민떼스크 뻰뜨루 꺼 도르메암.

경찰:	같은 칸에 누가 더 있었나요?
Poliţist:	Mai era cineva în compartiment?
뽈리찌스뜨:	마이 예라 치네바 은 꼼빠르띠멘뜨?

관광객:	아니요. 객차에 저밖에 없었습니다.
Un turist:	Nu. Numai eu am fost în compartiment.
운 뚜리스뜨:	누. 누마이 예우 암 포스뜨 은 꼼빠르띠멘뜨.

경찰:	무엇을 잃어버렸나요?
Poliţist:	Ce aţi pierdut?
뽈리찌스뜨:	체 아찌 삐에르두뜨?

관광객:	제가 가지고 있던 모든 것을 잃었습니다. 배낭, 비디오 카메라, 휴대전화기 등.
Un turist:	Tot ce am avut. Rucsac, cameră video, telefon
운 뚜리스뜨:	또뜨 체 암 아부뜨. 룩싹, 까메러 비데오, 뗄레폰
	mobil etc.
	모빌 엑스체떼라.

경찰:	당신의 사건과 관련하여 조사를 개시할 것입니다.
Poliţist:	O să deschidem o anchetă în legătură cu cazul
뽈리찌스뜨:	오 써 데스끼뎀 오 안께떠 은 레거뚜러 꾸 까줄
	dumneavoastră.
	둠네아보아스뜨러.

	이 양식을 기입해 주시기 바랍니다.
	Vă rog completaţi acest formular.
	버 록 써 꼼쁠레따찌 아체스뜨 포르물라르.

만약에 필요하시다면 보험에서 보상받을 수 있도록 확인
서를 드리지요.

Vă dau confirmare pentru despăgubire de la
버 다우 꼰피르마레 뻰뜨루 데스뻐구비레 데 라

asigurare dacă vă trebuie.
아씨구라레 다꺼 버 뜨레부이에.

관광객: 감사합니다. 필요합니다.

Un turist: **Vă mulţumesc. Îmi trebuie.**
운 뚜리스뜨: 버 물쭈메스끄. 음 뜨레부이에.

3.4 비자국

▶ 기본 어휘

- 비자
  Viza
  비자

- 통과비자
  Viza de tranzit
  비자 데 뜨란지뜨

- 단기체류비자
  Viza de scurtă şedere
  비자 데 스꾸르떠 쉐데레

- 장기체류비자
  Viza de lungă şedere
  비자 데 룽거 쉐데레

- 비자사무국
  Direcţia generală de paşapoarte
  디렉찌아 제네랄러 데 빠샤뽀아르떼

- 외교부
Ministerul afacerilor externe(MAE)
미니스떼룰 아파체릴로르 엑스떼르네(마에)

- 루마니아 이민국
Oficiul român pentru imigrări
오피치울 로믄 뻰뜨루 이미그러리

- 발행
Eliberare
엘리베라레

- 기간만료
Expirare
엑스삐라레

- 증명서
Adeverinţă
아데베린쩌

- 비자요금
Taxa de viză
딱싸 데 비저

- 필요서류
Acte necesare
악떼 네체싸레

- 비자요청절차
Procedura de solicitare a vizei
프로체두라 데 쏠리치따레 아 비제이

▶ 기본 표현

- 당신의 여권을 저에게 보여 주세요!
Arătaţi-mi paşaportul dumneavoastră!
아러따찜 빠샤쁘르뚤 둠네아보아스뜨러!

- 전 저의 비자를 연장하기 위해서 왔습니다.
  Am venit pentru extinderea vizei mele.
  암　베니뜨 뻰뜨루　엑스띤데레아　비제이 멜레.

- 그의 비자는 올해 9월 5일에 만료 됩니다.
  Viza lui expiră în data de 5 septembrie anul acesta.
  비자　루이 엑스삐러 은 다따　데 친치 쎕뗌브리에　아눌　아체스따.

- 장기 체류비자를 위해서 어떤 서류가 더 필요합니까?
  Ce acte mai trebuie pentru viza de lungă şedere?
  체　악떼 마이 뜨레부이에 뻰뜨루　비자 데 룽거　쉐데레?

- 당신에게 비자 요금으로 150레이가 소요됩니다.
  Vă costă 150 de lei pentru taxa de viză.
  버　꼬스떠　오 수떠 친치제치 데 레이 뻰뜨루 딱싸 데 비저.

<table>
<tr><td>대화 1</td><td>비자국에서 비자를 신청하는 내용</td></tr>
</table>

신청인:	안녕하세요, 체류비자를 받기 위해서 왔습니다.
Solicitant:	**Bună ziua, am venit pentru viza de şedere.**
쏠리치딴뜨:	부너　지우아, 암　베니뜨 뻰드루　비자 데 쉐데레.

사무원:	루마니아에서의 체류목적은 무엇입니까? 사업입니까 학업입니까?
Funcţionar:	**Care este scopul şederii în România? Afaceri**
풍찌오나르:	까레　예스떼 스꼬뿔　쉐데리　은 로므니아?　　아파체리
	sau studiu?
	싸우 스뚜디우?

신청인:	저는 부쿠레슈티 대학교 문리대학부 학생입니다.
Solicitant:	**Sunt student la facultatea de litere,**
쏠리치딴뜨:	쑨뜨　스뚜덴뜨　라 파꿀따떼아　데 리떼레,
	Universitatea din Bucureşti.
	우니베르시따떼아　딘　부꾸레슈띠.

사무원:	학비를 지불하셨나요?
Funcţionar:	**Aţi plătit taxa şcolară?**
풍찌오나르:	아찌　쁠러띠뜨 딱싸　슈꼴라러?

172 루마니아어 회화 사전

신청인: 전 루마니아 정부 장학생입니다.
Solicitant: Am bursă din partea statului român.
쏠리치딴뜨: 암 부르써 딘 빠르떼아 스따뚤룰이 로믄

사무원: 아, 그렇군요. 그러면 당신에게는 1년치 비자를 드리겠습니다.
Funcţionar: Ah, am înţeles. Atunci vă dau viza pentru un an.
풍찌오나르: 아, 암 은쩰레스. 아뚠치 버 다우 비자 뻰뜨루 운 안.

모든 서류를 제출하셔야하며 대학교에서의 증명서도 제출해야 합니다.
Trebuie să depuneţi toate actele necesare şi
뜨레부이에 써 데뿌네찌 또아떼 악뗄레 네체싸레 쉬
adeverinţele din universitate.
아데베린쩰레 딘 우니베르시따떼.

그리고 당신의 여권도요.
Şi paşaportul dumneavoastră.
쉬 빠샤뽀르뚤 둠네아보아스뜨러

신청인: 여기있습니다. 비자를 언제쯤 받을 수 있는지 말씀해 주실 수 있습니까?
Solicitant: Poftiţi. Îmi puteţi spune cam când pot să ridic
쏠리치딴뜨: 뽀프띠찌. 음 뿌떼찌 스뿌네 깜 끈드 뽀뜨 써 리딕
viza?
비자?

사무원: 보통 2주 정도 걸립니다.
Funcţionar: De obicei durează cam două săptămâni.
풍찌오나르: 데 오비체이 두레아저 깜 도우어 썸떠므니.

당신에게 한 증명서에 정확한 날짜를 적어드립니다.
Vă scriu data exactă pe un bon.
버 스끄리우 다따 이그작떠 뻬 운 본.

비자를 받으실 때까지, 이 증명서는 당신의 신분을 증명
할 수 있습니다.
Până în momentul în care ridicaţi viza, acest
쁘너 은 모멘뚤   은 까레 리디까찌 비자, 아체스트
bon poate dovedi identitatea dumneavoastră.
본 뽀아떼 도베디   이덴띠따떼아   둠네아보아스트러.

즉, 만약에 필요하시다면 그것을 여권 대신에 제시할 수
있습니다.
Adică îl puteţi arăta în loc de paşaportul
아디꺼 을 뿌떼찌 아러따 은 록   데 빠샤뽀르뚤
dumneavoastră dacă este nevoie.
둠네아보아스뜨러   다꺼   예스떼 네보이에.

04 # 개인업무 장소: 은행, 우체국, 여행사무소, 부동산

4.1 은행

▷ **기본 어휘**

- 은행
  Bancă
  방꺼

- 창구
  Ghişeu
  기쉐우

- 수납원
  Casier
  까씨에르

- 외화교환소
  Casă de schimb valutar
  까써   데 스낌브   발루따르

- 싸인
  Semnătură
  쎔너두러

- 계좌
  Cont
  꼰뜨

- 계좌번호
  Număr de cont
  누머르   데 꼰뜨

- 차용
  Împrumut
  음쁘루무뜨

- 개인 비밀번호
  Număr personal secret
  누머르   뻬르쏘날   쎄끄레뜨

- 은행 수수료
  Comision bancar
  꼬미씨온   방까르

- 이자율
  Rata dobânzii
  라따   도븐지

- 은행 이체
  Virament bancar
  비라멘뜨   방까르

- 모기지
  Ipotecă
  이뽀떼꺼

- 수표
  Cec
  첵

- 지폐
  Bancnotă
  방끄노떠

- 현금인출기
  Bancomat
  방꼬마뜨

- 외환교환비율
  Curs de schimb valutar
  꾸르스 데 스낌브   발루따르

- 현금
  Numerar
  누메라르

- 수수료
  Comision
  꼬미씨온

▶ 기본 표현

- 계좌 하나를 열고 싶습니다.
  Vreau să deschid un cont.
  브레아우 써 데스끼드   운 꼰뜨.

- 달러를 레이로 바꾸고 싶습니다.
  Vă rog, aş vrea să schimb dolari în lei.
  버 록,   아쉬 브레아 써 스낌브   돌라리   은 레이

- 오늘 환율이 어떻습니까?
  Care este cursul de schimb valutar pentru astăzi?
  까레   예스떼 꾸르쑬   데 스낌브   발루따르   뻰뜨루   아스떠지?

- 저희는 수수료를 받지 않습니다.
  Nu percepem comision.
  누   뻬르체뻼   꼬미씨온.

- 수수료 없음.
  Fără comision
  퍼러   꼬미씨온.

- 100달러에 얼마를 받을 수 있나요?
  Cât primesc pentru o sută de dolari?
  꿋   쁘리메스크 뻰뜨루   오 수떠 데 돌라리?

- 저에게 전액을 유로화로 주실 수 있습니까?
  Îmi puteţi da întreaga sumă în Euro?
  음   뿌떼찌   다 은뜨레아가   쑤머   은 에우로?

개인업무 장소 :: 은행·우체국·여행사무소·부동산

• 저의 계좌에서 전액을 인출하고 싶습니다.
  Vreau să retrag toţi banii din contul meu.
  브레아우 써 레뜨라그 또찌 바니 딘 꼰뚤 메우.

• 돈을 인출하기 위해서는 당신의 신분증을 제시하셔야 합니다.
  Ca să retrageţi bani, trebuie să-mi arătaţi actul
  까 써 레뜨라제찌 바니, 뜨레부이에썸 아러따찌 악뚤
  dumneavostră de identitate.
  둠네아보아스뜨러 데 이덴띠따떼.

• 당신의 비밀 번호를 입력하세요.
  Introduceţi PIN-ul dumneavoastră!
  인뜨로두체찌 삔눌 둠네아보아스뜨러!

대화1 은행에서 외화를 루마니아 화폐로 바꾸는 내용

고객: 200유로를 레이로 바꾸고 싶습니다. 수수료가 얼마인가요?
Client: Vreau să schimb 200 de Euro în lei. Cât e
끌리엔뜨: 브레아우 써 스낌브 도우어 수떼 데 에우로 은 레이. 꼿 예
            comisionul?
            꼬미씨온눌?

창구직원: 수수료를 받지 않습니다.
Casier: Nu percepem comision.
까씨에르: 누 뻬르체뼴 꼬미씨온.

            만약에 그돈을 바꾸고 싶으시다면 당신의 여권을 제시해
            주시기 바랍니다.
            Dacă doriţi să-i schimbaţi, arătaţi-mi paşaportul
            다꺼 도리찌 써 이 스낌바찌, 어라따찜 빠샤뽀르뚤
            dumneavoastră, vă rog.
            둠네아보아스뜨러, 버 록.

고객: 잠시만요. 여기 제 여권이 있습니다.
Client: Imediat. Poftiţi paşaportul meu.
끌리엔뜨: 이메디앗. 뽀프띠찌 빠샤뽀르뚤 메우.

창구직원: 총 797 레이 입니다.
Casier: Total 797 de lei.
까씨에르: 또딸 샵떼 수떼 노우어 제치 쉬 샵떼 데 레이.

제에게 3레이를 주신다면, 800레이를 드리겠습니다.
Dacă îmi daţi 3 lei, vă dau 800 de lei.
다꺼 음 다찌 뜨레이 레이, 버 다우 옵뜨 수떼 데 레이.

당신에게 잔돈으로 드리지 않기 위해서요.
Ca să nu vă dau bani mărunţi.
까 써 누 버 다우 바니 머룬찌.

고객: 있는것 같습니다. 여기요.
Client: Cred că am. Poftiţi.
끌리엔뜨: 끄레드 꺼 암. 뽀프띠찌.

창구직원: 감사합니다.
Casier: Mulţumesc.
까씨에르: 물쭈메스끄.

대화 2 은행에서 계좌를 개설하는 내용

고객: 외국에서 돈을 받을 수 있는 계좌를 만들고 싶습니다.
Client: Vreau să deschid un cont prin care pot să primesc
끌린엔뜨: 브레아우 써 데스끼드 운 꼰뜨 쁘린 까레 뽀뜨 쁘리메스크
bani din străinătate.
바니 딘 스뜨러이너따떼.

창구직원: 유로화 입니까? 달러입니까?
Casieră: Euro sau dolari?
까씨에러: 에우로 싸우 돌라리?

고객: 달러입니다.
Client: Dolari
끌린엔뜨: 돌라리

창구직원: 미국 달러 맞으시지요?
Casieră: Dolari SUA?
까씨에러: 돌라리　쑤우아?

고객: 네, 미국 달러 맞습니다.
Client: Da, dolari SUA.
끌린엔뜨: 다,　돌라리　쑤우아.

창구직원: 당신의 여권과 거주 등록증이 필요합니다.
Casieră: Trebuie paşaportul şi legitimaţia de şedere a
까씨에러: 뜨레부이에 빠샤뽀르뚤　쉬 레지띠마찌아　데 쉐데레　아
dumneavoastră.
둠네아보아스뜨러.

고객: 잠시만요. 여기 있습니다.
Client: Imediat. Poftiţi.
끌린엔뜨: 이메디아뜨. 뽀프띠찌.

창구직원: 지금 당신에게 100달러가 있습니까?
Casieră: Aveţi acum la dumneavoastră 100 de dolari?
까씨에러: 아베찌　아꿈　라　둠네아보아스뜨러　　　오 수떠 데 돌라리?

외환계좌를 열기 위해서는 최소 100달러의 예치금액이 필
요합니다.
Ca să deschideţi contul în valută, trebuie depozit
까　써 데스끼데찌　　　꼰뚤　은 발루떠,　뜨레부이에 데뽀짓
minim de 100 de dolari.
미님　　데　오 수떠 데 돌라리.

고객: 아, 지금 레이밖에 없습니다.
Client: Ah, acum am numai lei.
끌린엔뜨: 아,　아꿈　암　누마이　레이.

여기서 레이를 달러로 바꿀 수 있나요?
Pot să schimb aici lei în dolari?
뽀뜨 써 스낌브　　　아이치 레이 은 돌라리?

창구직원: 여기서는 불가능합니다. 환전을 위해서는 5번 창구로 가실 수 있습니다.

Casieră: Aici nu se poate. Puteţi să vă duceţi la ghişeul 5

까씨에러: 아이치 누 쎄 뽀아떼. 뿌떼찌 써 버 두체찌 라 기쉐울 친치

ca să schimbaţi bani.

까 써 스낌바찌 바니.

그곳은 환전소입니다.

Acolo este casa de schimb.

아꼴로 예스떼 까싸 데 스낌브.

여기에서 당신의 서류들을 가지고 당신을 기다리겠습니다.

Vă aştept aici cu actele dumneavoastră.

버 아쉬뗍뜨 아이치 꾸 악뗄레 둠네아보아스뜨러.

여기요! 당신의 여권을 가져가세요!

Uitaţi! Luaţi paşaportul dumneavoastră!

우이따찌! 뻬샤뽀르뚤 둠네아보아스뜨러!

환전을 위해서 당신에게 필요할 것입니다.

O să vă trebuiască ca să schimbaţi bani.

오 써 버 뜨레부이아스꺼 까 써 스낌바찌 바니.

고객: 감사합니다. 금방 돌아오겠습니다.

Client: Mulţumesc. Mă întorc imediat.

끌린엔뜨: 물쭈메스끄. 머 은또륵 이메디앗.

창구직원: 기다리겠습니다.

Casieră: Vă aştept

까씨에러: 버 아슈뗍뜨

4.2 **우체국**

▶ **기본 어휘**

• 편지

Scrisoare

스크리쏘아레

- 소포
  Colet
  꼴레뜨

- 우표
  Timbru
  띰브루

- 주소
  Adresă
  아드레써

- 저울
  Cântar
  끈따르

- 항공편으로
  Prin avion
  쁘린   아비온

- 배편으로
  Prin vapor
  쁘린   바뽀르

- 등기발송
  Expediere recomandată
  엑스뻬디에레   레꼬만다떠

- 발송인
  Expeditor
  엑스뻬디또르

- 우체국
  Oficiul poştal
  오피치울   뽀슈딸

- 우편배달부
  Factor poştal
  팍또르   뽀슈딸

- 우편배달부
  Poştaş
  뽀슈따슈

- 우편번호
  Cod poştal
  꼬드   뽀슈탈

- 사서함
  Căsuţă poştală
  꺼쑤짜   뽀슈딸러

- 우체통
  Cutie poştală
  꾸띠에 뽀슈딸러

- 전보
  Telegramă
  뗄레그라머

- 우편환
  Mandat poştal
  만다뜨   뽀슈딸

- 깨지기쉬움
  Fragil
  프라질

- 배달
  Livrare
  리브라레

▷ 기본 표현

- 이 소포를 등기로 보내고 싶습니다.
  Vreau să trimit acest colet în regim recomandat.
  브레아우 써 뜨리미뜨 아체스뜨 꼴레뜨 은 레짐   레꼬만다뜨.

개인업무 장소 :: 은행 · 우체국 · 여행사무소 · 부동산

• 외국으로 항공서신 한통을 보내고 싶습니다.
Vreau să trimit o scrisoare în străinătate prin avion.
브레아우 써 뜨리미뜨 오 스크리쏘아레 은 스뜨러이너따떼 쁘린 아비온.

• 전 한국에서 온 소포를 찾으러 왔습니다.
Am venit să ridic coletul din Coreea.
암 베니뜨 써 리딕 꼴레뚤 딘 꼬레아.

• 어떤 우체국에서 소포들을 한국으로 발송할 수 있나요?
Din ce oficiul poştal pot să trimit colete în Coreea?
딘 체 오피치울 뽀슈딸 뽀뜨 써 뜨리미뜨 꼴레떼 은 꼬레아?

• 전 이 상자를 외국으로 발송하고 싶습니다.
Aş dori să expediez acest pachet în străinătate.
아쉬 도리 써 엑쓰뻬디에즈 아체스뜨 빠께뜨 은 스뜨러이너따떼.

• 전 이 편지를 등기로 보내고 싶습니다.
Aş dori să trimit această scrisoare recomandată.
아쉬 도리 써 뜨리미뜨 아체아스떠 스크리쏘아레 레꼬만다떠.

• 소포를 외국으로 보내기 위해서는, 이 양식을 기입하셔야 합니다.
Ca să trimiteţi pachet în străinătate, trebuie să
까 써 뜨리미떼찌 빠께뜨 은 스뜨러이너따떼, 뜨레부이에 써
completaţi acest formular.
꼼쁠레따찌   아체스뜨 포르물라르.

• 총액을 숫자와 문자로 써 주시기 바랍니다.
Vă rog, să treceţi suma în cifre şi în litere.
버 록, 써 뜨레체찌 쑤마   인 치프레 쉬 인 리떼레.

• 그것을 깨지 않도록 조심해 주세요!
Aveţi grijă să nu-l spargeţi!
아베찌 그리저 써 눌   스빠르제찌!

• 이 상자의 무게를 달아주세요.
Vă rog să cântăriţi pachetul acesta.
버 록 써 끈떠리찌   빠께뚤   아체스따.

고객: 안녕하세요, 소포 찾으러 왔습니다.
Client: Bună ziua. Am venit să ridic coletul.
끌리엔뜨: 부너   지우아. 암   베니뜨 써 리딕 꼴레뚤.

직원: 우체국에서의 확인서을 가지고 계신가요?
Funcţionară: Aveţi bonul de la poştă la dumneavoastă?
풍찌오누러: 아베찌 본눌   데 라 뽀슈떠 라 둠네아노아스뜨러?

고객: 네. 여기 있습니다. 한국에서 온 것입니다.
Client: Da. Poftiţi. Este din Coreea.
끌리엔뜨: 다.   뽀프띠찌. 예스떼 딘   꼬레아.

직원: 알겠습니다. 잠시만 기다리세요.
Funcţionară: Am înţeles. Aşteptaţi un moment.
풍찌오누러: 암   은쩰레스. 아쉬뗍따찌   운 모멘뜨.

고객: 감사합니다.
Client: Mulţumesc.
끌리엔뜨: 물쭈메스끄

직원: 찾았습니다. 당신의 상자는 우체국 세관에서 검사를 받
           아야 합니다.
Funcţionară: Am găsit. Pachetul dumneavoastră trebuie
풍찌오누러: 암   거씨뜨. 빠께뚤   둠네아보아스뜨러   뜨레부이에
           verificat la vama poştală.
           베리피까뜨 라 바마   뽀슈딸러.

           저를 따라 오세요.
           Veniţi după mine.
           베니찌 두뻐   미네.

세관원: 상자 안에 무엇이 있나요? 혹시 마약이나 무기인가요?
Vameş: Ce este în pachet? Sunt cumva droguri sau arme?
바메쉬: 체 예스떼 은 빠께뜨? 쑨뜨 꿈바   드로구리 싸우 아르메?

고객:	아니오. 단지 개인물품과 한국에서의 인스턴트 음식들입
	니다.
Client:	Nu. Sunt doar efecte personale şi câteva
끌리엔뜨:	누. 쑨트 도아르 에펙떼 뻬르쏘날레 쉬 끄떼바
	mâncăruri gata făcute din Coreea.
	믄꺼루리 가따 퍼꾸떼 딘 꼬레아.

세관원:	좋습니다. 그럼 지불할 전혀 관세는 없습니다. 상자를
	가져가셔도 좋습니다.
Vameş:	Bine. Atunci nu aveţi nicio taxă vamală de
바메쉬:	비네. 아뚠치 누 아베찌 니치오 딱써 바말러 데
	plătit. Puteţi lua pachetul.
	쁠러띠뜨. 뿌떼찌 루아 빠께뚤.

고객:	감사합니다.
Client:	Mulţumesc.
끌리엔뜨:	물쭈메스끄

세관원:	천만에요.
Vameş:	Cu plăcere.
바메쉬:	꾸 쁠러체레

4.3 여행사무소

▷ 기본 어휘

- 루마니아 국영 철도 여행사무소
  Agenţia de Voiaj CFR
  아젠찌에 데 보이아즈 체페레

- 루마니아 국영 항송사무소
  Agenţia de Voiaj TAROM
  아젠찌아 데 보이아즈 따롬

- 여행사
  Agenţia de turism
  아젠찌아 데 뚜리즘

- 자동차 렌트
  ## Închirieri Auto
  은끼리에리   아우또

- 숙박
  ## Cazare
  까자레

- 호텔
  ## Hotel
  호뗄

- 피자가게
  ## Pizzerie
  피쩨리에

- 레스토랑
  ## Restaurant
  레스따우란뜨

- 하프보드 (일반적으로 아침, 저녁만 포함된 숙소)
  ## Demipensiune
  데미뻰씨우네

- 도시지도
  ## Harta oraşului
  하르따   오라슐루이

- 지하철 지도
  ## Planul metroului
  쁠라눌   메뜨로울루이

- 여행
  ## Tur
  뚜르

- 관광가이드
  ## Ghid turistic
  기드   뚜리스틱

- 관광버스
  Autocar
  아우또까르

- 팜플렛
  Pliantă
  쁠리안떠

- 단체관광
  Excursie organizată
  엑스꾸르씨에 오르가니자떠

▷ 기본 표현

- 죄송합니다만, 루마니아 국영 철도 여행사무소가 어디에 있는지 말씀해 주실 수 있으십니까?
  Nu vă supăraţi, îmi puteţi spune unde este Agenţia de
  누 버 수뻐라찌, 음 뿌떼찌 스뿌네 운데 예스떼 아젠찌아 데
  Voiaj CFR?
  보이아즈 체페레?

- 부쿠레슈티를 안내하는 소책자를 어디서 구할 수 있나요?
  De unde pot să iau un pliant despre Bucureşti?
  데 운데 뽀뜨 써 이아우 운 쁠리안뜨 데스프레 부꾸레슈띠?

- 당신께 8월에 삼각주 지역으로 가능한 단체 여행이 있는지 여쭤보고 싶습니다.
  Vreau să vă întreb dacă este disponibilă o excursie
  브레아우 써 버 은뜨레브 다꺼 예스떼 디스뽀니빌러 오 익스꾸르씨에
  organizată în zona Delta Dunării în luna august.
  오르가니자떠 은 조나 델타 두너리 은 루나 아우구스뜨.

- 매일 시나이아로의 관광이 진행되나요?
  În fiecare zi se organizează excursie la Sinaia?
  은 피에까레 지 쎄 오르가니제아저 엑스꾸르시에 라 씨나이아?

- 오늘 밤 6시에 두 자리를 예약하고 싶습니다.
  Aş dori să fac rezervare pentru două locuri pentru astăzi
  아쉬 도리 써 팍 레제르바레 뻰뜨루 도우어 로꾸리 뻰뜨루 아스떠지
  la ora 6 seara.
  라 오라 샤쎄 쎄아라.

- 일주일 동안 소형자동차 한 대를 렌트하고 싶습니다.
  Vrem să închiriem o maşină mică pentru o săptămână.
  브렘 써 은끼리엠 오 마쉬너 미꺼 오 썹떠므너.

- 가장 저렴한 자동차 한 대를 렌트하고 싶습니다.
  Vreau să închiriez cea mai ieftină maşină.
  브레아우 써 은끼리에즈 체아 마이 이에프띠너 마쉬너.

- 오늘과 내일 머무를 더블룸 하나를 구해주실 수 있습니까?
  Puteţi să-mi găsiţi o cameră dublă pentru azi şi mâine?
  뿌떼찌 썸 거씨찌 오 까메러 두블러 뻰뜨루 아지 쉬 드이네?

- 전 루마니아에서의 생태관광에 관심이 있습니다. 저에게 아름다운 장소 하나를 추천해 주시겠습니까?
  Mă interesează ecoturismul în România. Puteţi să-mi
  머 인떼레쎄아저 에꼬뚜리즈물 은 로므니아. 뿌떼찌 썸
  recomandaţi un loc faimos?
  레꼬만다찌 운 록 파이모쓰?

- 이 가격에 부가가치세와 보험이 포함되어 있나요?
  În acest preţ sunt incluse TVA-ul şi asigurarea?
  은 아체스뜨 쁘레쯔 쑨뜨 인끌루쎄 떼베아울 쉬 아씨구라레아?

- 어떤 이름으로 예약을 하셨나요?
  Pe ce nume aţi făcut rezervarea?
  뻬 체 누메 아찌 퍼꾸뜨 레제르바레아?

고객:　　안녕하세요!
Client:　　**Bună ziua!**
끌리엔뜨:　　부너　지우아!

직원:　　안녕하세요! 앉으세요!
Funcţionară:　　**Bună ziua! Luaţi loc, vă rog!**
풍찌오나러:　　부너　지우아! 루아찌 록,　버 록!

고객:　　감사합니다!
Client:　　**Mulţumesc!**
끌리엔뜨:　　물쭈메스끄

직원:　　무엇을 도와드릴까요?
Funcţionară:　　**Cu ce vă pot ajuta?**
풍찌오나러:　　꾸　체　버　뽀뜨 아주따?

고객:　　전 밖에 공고된 여행들 가운데 하나에 관심이 있는데
　　　요, 삼각주로의 여행이요.
Client:　　**Mă interesează una din excursiile afişate afară,**
끌리엔뜨:　　머　인떼레쎄아저　우나 딘　익스꾸르씰레 아피샤떼 아파러,

　　　　o excursie în Delta Dunării.
　　　오 엑스꾸르씨에 은 델따　두너리.

직원:　　네. 알겠습니다. 제게 허락하신다면,
Funcţionară:　　**Da. Foarte bine. Dacă îmi permiteţi,**
풍찌오나러:　　다. 포아르떼 비네. 다꺼　음　뻬르미떼찌,

　　　이 여행에 대해서 간략히 설명드리겠습니다.
　　　vreau să vă explic scurt despre această
　　　브레아우 써　버　익스쁠릭 스꾸르뜨 데스프레　아체아스터

　　　excursie.
　　　엑스꾸르시에.

고객:　　네. 그렇게 해 주시지요.
Client:　　**Da, vă rog.**
끌리엔뜨:　　다.　버 록.

직원:　　　무엇 보다도 이 여행은 구성이 아주 좋고 가격도 저렴
　　　　　합니다.

Funcţionară: În primul rând această excursie este foarte bine
풍찌오나러:　은 쁘리물　른드　아체아스터 엑스꾸르씨에 예스떼 포아르데 비네

　　　　　organizată şi ieftină.
　　　　　오르가니자떠 쉬 이예프띠너.

　　　　　공고된 가격에 모든 비용이 포함되어 있습니다.
　　　　　În preţul afişat sunt incluse toate costurile.
　　　　　은 쁘레쭐　아피샤뜨 쑨뜨　인클루쎄　또아떼　꼬스뚜릴레.

　　　　　즉, 4성급 호텔에서의 2박,
　　　　　Adică 2 nopţi de cazare la hotel de 4 stele,
　　　　　아디꺼 도우어 놉찌　데　까자레　라 호뗄　데 빠뜨루 스델레,

　　　　　삼각주 중심부까지 최신 배로의 이동비용 그리고 전일
　　　　　식사.
　　　　　transport cu vaporul nou până la mijlocul
　　　　　뜨란스뽀르뜨 꾸 바뽀룰　　노우 쁘너　라 미즐로꿀

　　　　　Deltei Dunării, şi toate mesele.
　　　　　델떼이　두너리　쉬 또아떼 메쎌레.

　　　　　각 고객의 취향에 따라서,
　　　　　După gustul fiecărui client,
　　　　　두뻐　구스뚤　피에꺼루이 끌리엔뜨,

　　　　　추가비용을 내고 다른 관광 프로그램을 선택할 수 도
　　　　　있습니다.
　　　　　se poate opta şi pentru alte programe turistice
　　　　　쎄 뽀아떼　옵따 쉬 뻰뜨루　알떼 쁘로그라메　뚜리스띠체

　　　　　cu costuri suplimentare
　　　　　꾸　꼬스뚜리 쑤플리멘따레

고객:	아주 좋아 보이는군요. 전액을 신용카드로 지불할 수 있나요?
Client: 끌리엔뜨:	Sună foarte frumos. Pot să plătesc toată suma 쑤너 포아르떼 프루모스. 뽀뜨 써 쁠러떼스크 또아떠 쑤마
	cu carte de credit? 꾸 까르떼 데 크레디뜨?
직원:	물론이지요. 당신에게 예약을 해드릴까요?
Funcţionară: 풍찌오나러:	Sigur că da. Vă fac rezervare? 씨구르 꺼 다. 버 팍 레제르바레?
	만약에 늦어도 부쿠레슈티 출발 2일전에 취소하신다면,
	Dacă anulaţi cel târziu cu 2 zile înainte de a 다꺼 아눌라찌 첼 뜨르지우 꾸 도우어 질레 으나인떼 데 아
	pleca din Bucureşti, 쁠레까 딘 부꾸레슈띠,.
	취소에 대한 비용을 청구하지 않습니다.
	nu vă ia nicio taxă pentru anulare. 누 버 이아 니치오 딱써 뻰뜨루 아눌라레
고객:	아주 좋으네요. 그렇다면 저에게 2자리를 예약해 주시기 바랍니다.
Client: 끌리엔뜨:	Foarte bine. Atunci vă rog să-mi rezervaţi 2 포아르떼 비네. 아뚠치 버 록 썸 레제르바찌 도우어
	locuri. 로꾸리.
직원:	당신의 신분증을 주시고 이 양식에 기입해 주시기 바랍니다.
Funcţionară: 풍찌오나러:	Să-mi daţi legitimaţia dumneavoastră şi 썸 다찌 레지띠마찌아 둠네아보아스뜨러 쉬
	completaţi acest formular. 꼼쁠레따찌 아체스뜨 포르물라르.

전 그동안 당신의 신분증을 복사하겠습니다.
Între timp voi face o copie după legitimaţia
은뜨레 띰쁘 보이 파체 오 꼬삐에 두뻐 레지띠마찌아

dumneavostră.
둠네아보아스뜨러.

4.4 부동산

▷ **기본 어휘**

• 부동산중개업소
Agenţie imobiliară
아젠찌에 이모빌리아러

• 땅, 토지
Pământ
뻐믄뜨

• 단독주택
Casă
까써

• 빌라
Vilă
빌러

• 독신자아파트
Garsonieră
가르쏘니에러

• 아파트
Apartament
아빠르따멘뜨

• 방
Cameră
까메러

- 방 2개 아파트
Apartament cu două camere
아빠르따멘뜨 꾸 도우어 까메레

- 방 3개 아파트
Apartament cu trei camere
아빠르따멘뜨 꾸 뜨레이 까메레

- 분리된
Decomandat
데꼬만다뜨

- 일부만 분리된
Semidecomandat
쎄미데꼬만다뜨

- 발코니
Terasă
떼러써

- 지하
Subsol
쑵쏠

- 정원
Curte
꾸르떼

- 입구
Intrare
인뜨라레

- 아파트 한 동
Bloc
블록

- 지역
Cartier
까르띠에르

• 계단 (아파트 출입구)
Scară
스까러

• 층
Etaj
에따쥬

• 차고
Garaj
가라쥬

• 선불금
Anticipat
안띠치빠뜨

• 보증금
Garanţie
가란찌에

• 집주인
Proprietar
쁘로쁘리에따르

• 거주민
Locatar
로까따르

• 월세
Chirie
끼리에

• 세입자
Chiriaş
끼리아쉬

• 빌리다
A închiria
아 은끼리아

▶ 기본 표현

• 독신자아파트를 어디 지역에서 렌트하시고 싶습니까?
În ce zona vreţi să închiriaţi garsonieră?
은 체 조나   브레찌 써 은끼리아찌   가르쏘니에러?

• 아파트의 주소가 어떻게 됩니까?
Care este adresa apartamentului?
까레   예스떼 아드레싸   아빠르따멘뚤루이

• 새 아파트로 이사가고 싶습니다.
Vreau să mă mut într-un apartament nou.
브레아우 써 머   무뜨 은뜨룬   아빠르따멘뜨   노우.

• 임대료로 얼마를 내야 하나요?
Cât trebuie să plătesc pentru chirie?
꿋   뜨레부이에 써 쁠러떼스크 뻰뜨루   끼리에?

• 전기료하고 관리비는 포함되어 있나요?
Lumina şi întreţinerea sunt incluse?
루미나   쉬 은뜨레찌네레아   쑨뜨   인끌루쎄?

• 저 건물은 몇 층입니까?
Câte etaje are clădirea aceea?
꼬떼   에따제 아레 끌러디레아   아체에아?

• 신 시가지에 아파트를 렌트하고 싶습니다.
Vreau să închiriez un apartament într-un cartier nou.
브레아우 써 은끼리에즈   운 아빠르따멘뜨   은뜨룬   까르띠에르 노우.

• 해당 아파트가 몇 층에 있나요?
La ce etaj se află apartamentul respectiv?
라   체   에따쥬 쎄 아플러 아빠르따멘뚤   레스뻭띠브?

• 집주인은 렌트료로 3개월 선불을 원합니다.
Proprietarul vrea anticipat plata pe 3luni pentru chirie.
쁘로쁘리에따룰   브레아 안띠치빠뜨   쁠라따 뻬 뜨레이 루니 뻰뜨루   끼리에.

고객: 첸트롤 치빅 지역에 독신자 아파트 하나를 렌트하고 싶습니다.

Client: Vreau să închiriez o garsonieră în zona Centrul
끌리엔뜨: 브레아우 써 은끼리에즈 오 가르쏘니에러 은 조나 첸뜨롤
Civic.
치빅.

부동산 중개소: 저희는 말씀하신 지역에 다양한 임대용 독신자 아파트를 가지고 있습니다.

Agenţia imobiliară: Avem diverse garsoniere de închiriat în
아젠찌아 이모빌리아러: 아벰 디베르쎄 가르쏘니에레 더 은끼리아뜨 은
zona unde v-aţi referit.
조나 운데 바찌 레페리뜨.

렌트를 위한 예산을 저에게 말씀해 주실수 있으세요?
Îmi puteţi spune bugetul dumneavoastră
음 뿌떼찌 스뿌네 부제뚤 둠네아보아스뜨러
pentru chirie?
뻰뜨루 끼리에?

고객: 300에서 500 유로 사이요.
Client: Între 300 şi 500 de euro.
끌리엔뜨: 은뜨레 뜨레이 수떼 쉬 친 수떼 데 유로.

부동산 중개소: 알겠습니다.
Agenţia imobiliară: Am înţeles.
아젠찌아 이모빌리아러: 암 은쩰레스.

사실 당신의 예산에 맞는 독신자 아파트가 두 채 있습니다.
Avem de fapt 2 garsoniere care se
아벰 데 팝뜨 도우어 가르쏘니에레 까레 쎄
încadrează în bugetul dumneavoastră.
은까드레아저 은 부제뚤 둠네아보아스뜨러.

하나는 우니리 백화점 근처이고 다른 하나는 문
치 광장 근처에 있습니다.
Una este lângă magazinul Unirii şi alta
우나 예스떼 릉거 마가지눌 우니리 쉬 알따
este lângă Piaţa Muncii.
예스떼 릉거 삐아짜 문치.

둘 다 모두 아주 아름답습니다.
Amândouă sunt foarte frumoase.
아믄도우어 쑨뜨 포아르떼 프루모아쎄

만약에 관심 있으시다면, 당신의 휴대전화 번호
를 남겨 주세요.
Dacă vă interesează, lăsaţi numărul
다꺼 버 인떼레쎄아저, 러싸찌 누머룰
dumneavoastră de mobil.
둠네아보아스뜨러 데 모빌

고객: 네, 두 개 다 보고 싶습니다.
Client: Da, vreau să le văd pe amândouă.
끌리엔뜨: 다, 브레아우 써 레 버드 뻬 아믄도우어.

부동산 중개소: 좋습니다. 그렇다면 현재 렌트가 가능한지 한 번
더 확인해 보겠습니다.
Agenţia imobiliară: Bine. Atunci o să mă interesez încă o dată
아젠찌아 이모빌리아러: 비네. 아뚠치 오 써 머 인떼레쎄즈 은꺼 오 다떠
dacă mai sunt valabile.
다꺼 마이 쑨뜨 발라빌레.

번호를 말씀해 주세요.
Numărul dumneavoastră vă rog.
누머룰 둠네아보아스뜨러 버 록.

고객: 제 번호는...입니다. 보통 저녁 7시 이후에 시간이 있습니다.
Client: Numărul meu este.... Sunt liber de obicei după ora
끌리엔뜨: 누머룰 메우 예스떼... 쑨뜨 리베르 데 오비체이 두뻐 오라
7 seara.
샵떼 쎄아라.

부동산 중개소: 메모했습니다. 최대한 빨리 전화드리겠습니다. 감
사합니다.

Agenţia imobiliară: Am notat. Vă telefonez cât mai repede.
아젠찌아 이모빌리아러: 암 노따뜨. 버 뗄레포네즈 꿋 마이 레뻬데.

Mulţumesc.
물쭈메스끄.

고객: 저도 감사합니다.
Client: Muţumesc şi eu.
끌리엔뜨: 물쭈메스끄 쉬 예우

 **호텔**

▶ 기본 어휘

- 호텔
  Hotel
  호뗄

- 숙박
  Cazare
  까자레

- 방
  Cameră
  까메러

- 트윈 룸
  Cameră cu două paturi
  까메러 꾸 도우어 빠뚜리

- 싱글 룸
  Cameră cu un singur pat
  까메러 꾸 운 씬구르 빠뜨

- 이불보
  Cearceaf
  체아르체아프

- 체임버메이드
  Cameristă
  까메리스떠

호텔

- 깨끗한
  Curat
  꾸라뜨

- 샤워
  Duş
  두슈

- 잠구다
  A încuia
  아 은꾸이아

- 아침식사
  Micul dejun
  미꿀　데준

- 블라인드
  Jaluzea
  잘루제아

- 점심
  Prânz
  쁘른즈

- 리셉션
  Recepţie
  레쳅찌에

- 예약
  Rezervare
  레제르바레

- 레셉셔니스트
  Recepţionar
  레쳅찌오나르

- 메트리스
  Saltea
  쌀떼아

▷ 기본 표현

• 부쿠레슈티 시내 근처에 있는 호텔 하나를 추천해 주시겠습니까?
Îmi puteţi recomanda un hotel lângă centrul
음 뿌떼찌   레꼬만다   운 호뗄   릉거   첸드룰
Bucureştiului?
부꾸레슈띠울루이?

• 암바사도르 호텔이 어디에 있습니까?
Unde este Hotelul Ambasador?
운데   예스떼 호뗄룰   암바싸도르?

• 사성급 호텔입니다.
Este un hotel de patru stele.
예스떼 운 호뗄   데 빠뜨루 스뗄레.

• 더블 룸을 원합니다.
Vreau o cameră dublă.
브레아우 오 까메러   두블러

• 더블 베드 룸을 원하시나요?
Vreţi camera cu pat matrimonial?
브레찌 까메라   꾸 빠뜨 마뜨리모니알?

• 아침 일찍 도착할 것 입니다.
Vom ajunge dimineaţa devreme.
봄   아준제   디미네아짜   데브레메.

• 빈 방 두 개 있나요?
Aveţi două camere libere?
아베찌 도우어 까메레   리베레?

• 오늘 밤에 방 하나를 예약하고 싶습니다.
Vreau să rezerv o cameră pentru astă noapte.
브레아우 써 레제르브 오 까메러   뻰뜨루   아스떠 노압떼.

• 트윈룸 방 하나가 얼마인가요?
Cât costă o cameră cu două paturi?
꿋   꼬스떠 오 까메러   꾸 도우어 빠뚜리?

• 자동차를 어디에 주차할 수 있나요?
  Unde pot să parchez maşina?
  운데 뽀뜨 써 빠르께즈 마쉬나?

• 저의 가방들을 방으로 보내주실 수 있나요?
  Puteţi să-mi trimiteţi bagajele mele în cameră?
  뿌떼찌 썸   뜨리미떼찌 바가젤레   멜레   은 까메러?

• 게시된 가격에 아침식사가 포함되어 있나요?
  Micul dejun este inclus în preţul afişat?
  미꿀   데준 예스떼 인끌루스 은 쁘레쭐   아피샤뜨?

• 몇 시에 아침식사를 주시나요?
  La ce oră serviţi micul dejun?
  라 체 오러 쎄르비찌 미꿀   데준?

• 와이파이 비밀번호를 주실 수 있으세요?
  Puteţi să-mi daţi codul pentru Wifi?
  뿌떼찌 썸   다찌 꼬둘   뻰뜨루   와이파이?

대화 호텔 프론트에서 객실을 알아보고 방을 얻는 내용

고객: 안녕하세요! 두 명이 잘 수 있는 빈방이 있나요?
Client: **Bună seara! Aveţi o cameră liberă pentru două**
끌리엔뜨: 부너   쎄아라! 아베찌 오 까메러   리베러   뻰뜨루   도우어
           persoane?
           뻬르쏘아네?

리셉션: 네. 트윈 베드를 원하세요 아니면 더블 베드를 원하세요?
Recepţie: **Da. Doriţi pat separat sau matrimonial?**
레쳅찌에: 다. 도리찌   빠뜨 쎄빠라뜨 싸우 마뜨리모니알?

고객: 저희는 트윈베드를 원합니다.
Client: **Vrem paturi separate.**
끌리엔뜨: 브렘   빠뚜리   쎄빠라뜨.

Ⅲ. 장소별 표현 **203**

리셉션: 네. 120론 입니다.
Recepție: Bine. Vă costă 120 de ron.
레쳅찌에: 비네. 버 꼬스떠 오 수떠 도우어제치 데 론.

아침식사는 7시에서 10시 사이에 제공됩니다.
Vă servim micul dejun între orele 7 şi 10.
버 쎄르빔 미꿀 데준 은뜨레 오렐레 샵떼 쉬 제체.

아침식사는 가격에 포함되어 있습니다.
Micul dejun este inclus în preţ.
믹꿀 데준 예스떼 인끌루스 은 쁘레쯔.

고객: 차를 호텔 마당에 주차할 수 있나요?
Client: Pot să parchez maşina în curtea hotelului?
끌리엔뜨: 뽀뜨 써 빠르께즈 마쉬나 은 꾸르떼아 호뗄룰루이?

리셉션: 당연하지요. 문 열쇠를 바로 드리겠습니다.
Recepție: Sigur că da. Vă dau cheia uşii imediat.
레쳅찌에: 씨구르 꺼 다. 버 다우 께이아 우쉬 이메디앗.

이 양식을 기입해주시고 저에게 여권을 제시해 주세요.
Vă rog să completaţi acest formular şi arătaţi-mi
버 록 써 꼼쁠레따찌 아체스뜨 포르물라르 쉬 아러따찜
paşaportul.
빠샤뽀르똘.

 **카페, 레스토랑**

▶ **기본 어휘**

- 카페
  Cafenea
  까페네아

- 테라스
  Terasă
  떼라써

- 탁자
  Masă
  마써

- 웨이터
  Ospătar
  오스뻐따르

- 커피
  Cafea
  까페아

- 원두커피
  Cafea la filtru
  까페아 라 필뜨루

- 카페라떼
  Cafea cu lapte
  까페아 꾸 랍떼

- 블랙커피
  Cafea neagră
  까페아 네아그러

- 카푸치노
  Capuccino
  까푸치노

- 차
  Ceai
  체아이

- 녹차
  Ceai verde
  체아이 베르데

- 홍차
  Ceai negru
  체아이 네그루

- 오렌지 주스
  Suc de portocale
  쑥 데 뽀르또깔레

- 사과주스
  Suc de mere
  쑥 데 메레

- 샌드위치
  Sandvici
  싼드비치

- 샐러드
  Salată
  쌀라떠

- 아이스크림
  Înghețată
  은게짜떠

- 바
  Bar
  바르

- 바텐더
  Barman
  바르만

- 재떨이
  Scrumieră
  스크루미에러

- 감자튀김
  Cartofi prăjiţi
  까르또피 쁘러지찌

- 레스토랑
  Restaurant
  레스따우란뜨

- 냅킨
  Şerveţel
  쉐르베쩰

- 흡연의, 흡연자
  Fumător
  푸머또르

- 비흡연의, 비흡연자
  Nefumător
  네푸머또르

- 점심메뉴
  Meniu pentru prânz
  메니우 쁜뜨루 쁘른즈

- 저녁메뉴
  Meniu pentru cină
  메니우 쁜뜨루 치너

Thema ❂

카페 · 레스토랑

• 와인리스트
Listă de vinuri
리스떠 데 비누리

• 특별요리
Specialităţi
스페치알리떠찌

• 정해진 메뉴
Meniul fix
메니우 픽스

• 팁
Bacşişi
박쉬쉬

• 계산서
Nota de plată
노따 데 쁠라떠

• 영수증
Chitanţă
끼딴쩌

• 세금계산서(회계처리 가능한 영수증)
Bon fiscal
본   피스깔

• 포크
Furculiţă
푸르꿀리쩌

• 접시
Farfurie
파르푸리에

• 디져트
Desert
데쎄르뜨

- 전채요리
  Aperitiv
  아뻬리띠브

- 사이드 디쉬
  Garnitură
  가르니뚜러

- 피자
  Pizza
  삐짜

- 햄버거
  Hamburger
  함부르게르

▶ 기본 표현

- 원하시는 곳 어디에나 앉으세요!
  Luaţi loc oriunde doriţi dumneavoastră!
  루아찌 록   오리운데   도리찌   둠네아보아스뜨러!

- 3인이 앉을 수 있는 자리가 있나요?
  Aveţi o masă pentru 3 persoane?
  아베찌 오 마써   뻰뜨루 뜨레이 뻬르쏘아네?

- 5인이 앉을 수 있는 자리를 부탁합니다.
  Vă rog, o masă pentru 5 persoane.
  버 록,   오 마써   뻰뜨루 친치 뻬르쏘아네.

- 두 잔의 커피와 생수 하나를 원합니다.
  Vreau două cafele şi o apă minerală.
  브레아우 도우어 까펠레   쉬 오 아뻐 미네랄러.

- 마리아 이름으로 4인을 예약했습니다.
  Am rezervat o masă pentru 4 persoane pe numele Maria.
  암   레제르바뜨 오 마써   뻰뜨루   빠뜨루 뻬르쏘아네 뻬 누멜레   마리아.

• 메뉴 좀 주세요.
  Meniul, vă rog.
  메니울,　버 록

• 채식주의자 음식이 있나요?
  Aveţi mâncare vegetariană?
  아베찌　은까레　　베제따리아너?

• 신용카드로 지불할 수 있나요?
  Pot să plătesc cu carte de credit?
  뽀뜨 써 쁠레떼스크 꾸 까르데 데 끄레디뜨?

• 흡연자석을 원합니다.
  Vreau un loc la fumători.
  브레아우 운 록　라 푸머또리.

• 여기서 드시나요?
  Pe aici?
  뻬　아이치?

• 포장해 가지나요?
  La pachet?
  라　빠껫

대화1　피쩨리에에서 주문하는 내용

웨이트리스:　안녕하세요 신사여러분! 무엇을 드릴까요?
Chelneriţă:　**Bună ziua domnilor! Cu ce vă servim?**
껠네리쩌:　　부너 지우아 돔닐로르! 꾸 체 버 쎄르빔?

고객:　　안녕하세요 사장님! 우리는 생맥주 두 잔과 야채 피자
　　　　하나
Client:　　**Bună ziua sefa! Vrem două beri la halbă, o pizza**
끌리엔뜨:　　부너　지우아 세파!　브렘　도우어 베리 라 할버,　오 삐짜
　　　　vegetariană
　　　　베제따리아너

그리고 유로피안 피자 하나를 원합니다.

şi o pizza europeană.

쉬 오 삐짜   에우로뻬아너

웨이트리스: 피자를 씬(thin)으로 드릴까요 팬(pan)으로 드릴까요?

Chelneriţă: **Doriţi pizza să fie crocantă sau pufoasă?**

쩰네리쩌: 도리찌 삐짜   써 피에 끄로깐떠   싸우 뿌프아써?

고객: 야채 피자는 씬으로 주시구요 유로피언 피자는 팬으로
           주세요.

Client: **Pizza vegetariană să fie crocantă şi pizza**

끌리엔뜨: 삐짜   베제따리아너   써 피에 끄로깐떠   쉬 삐짜

europeană să fie pufoasă.

에우로뻬아너   써 피에 뿌포아써.

웨이트리스: 다 입니까?

Chelneriţă: **Atât?**

쩰네리쩌: 아뜻?

고객: 당분간 이만큼만요. 후식은 잠시 후에 시킬께요.

Client: **Atât deocamdată. Pentru desert comandăm mai**

끌리엔뜨: 아뜨뜨 데오깜다떠.   뻰뜨루   데쎄르뜨 꼬꼬딤   마이

târziu.

뜨루지우.

웨이트리스: 알겠습니다. 맥주는 바로 가져다 드리고 피자는 15분 정
           도 걸립니다.

Chelneriţă: **Am înţeles. Vă aduc berile imediat şi pentru**

쩰네리쩌: 암 은쩰레스.   버 아둑 베릴레 이메디앗 쉬 뻰뜨루

pizza va dura cam 15 minute.

삐짜   바 두라   깜   친스프레제체 미누떼.

고객: 감사합니다

Client: **Muţumim.**

끌리엔뜨: 물쭈밈

고객:　　안녕하세요. 치킨버거 세트메뉴 하나와 클럽샌드위치 세
　　　　트메뉴 하나요.
Client:　Bună ziua. Un meniu hamburgher cu pui şi un
끌리엔뜨:　부너　지우아. 운　메니우　함부르게르　　꾸 뿌이 쉬 운
　　　　meniu sandvici mixt.
　　　　메니우　싼드비치　믹스뜨,

점원:　　음료로는 무엇을 원하세요?
Lucrătoare: Ce doriţi ca băutură?
루끄러또아레:　체　도리찌　까 버우뚜러?

고객:　　콜라와 오렌지 주스 주세요.
Client:　Cola şi suc de portocale, vă rog.
끌리엔뜨:　꼴라　쉬 쑥　데 뽀르또깔레,　버 록.

점원:　　여기서 드시나요 아니면 포장해 가시나요?
Lucrătoare: Aici sau la pachet?
루끄러또아레:　아이치 싸우 라 빠께뜨

고객:　　여기서 먹습니다.
Client:　Aici.
끌리엔뜨:　아이치.

점원:　　40론 입니다.
Lucrătoare: 40 de ron vă rog.
루끄러또아레:　빠뜨루 제치 데 론 버 록.

고객:　　여기 있습니다.
Client:　Poftiţi.
끌리엔뜨:　뽀프띠찌.

 **쇼핑 : 슈퍼마켓-몰, 주유소**

7.1 슈퍼마켓-몰

▷ 기본 어휘

- 백화점
  Magazin universal
  마가진　　우니베르쌀

- 몰
  Mall
  몰

- 키오스크
  Chioşc
  끼오스크

- 베이커리
  Brutărie
  브루떠리에

- 서점
  Librărie
  리브러리에

- 정육점
  Măcelărie
  머첼러리에

- 화장품
  Cosmetice
  꼬스메티체

- 전자제품
Electrice
엘렉뜨리체

- 야채
Legume
레구메

- 잡화
Galanterie
갈란떼리에

- 보석
Bijuterii
비주떼리

- 세탁소
Spălătorie
스뻘러또리에

- 문구
Papetărie
빠뻬떠리에

- 가격
Preţ
쁘레쯔

- 부가가치세
TVA
떼베아

- 비싼
Scump
스꿈쁘

- 저렴한
Ieftin
이에프띤

- 할인
  Reduceri
  레두체리

- 유제품
  Produse lactate
  쁘로두쎄 락따떼

- 육류
  Carne
  까르네

- 생선
  Peşte
  페슈떼

- 치즈류
  Brânzeturi
  브른제뚜리

▷ 기본 표현

- 저는 ...이(가) 필요합니다.
  Am nevoie de...
  암   네보이에 데...

- 저는 ...을(를) 사고 싶습니다.
  Vreau să cumpăr...
  브레아우 써 꿈뻐르...

- 저는...을(를) 사고 싶습니다.
  Aş dori să cumpăr...
  아쉬 도리   써 꿈뻐르...

- 루마니아에서 가장 큰 몰이 어디에 있나요?
  Unde este cel mai mare moll din România?
  운데   예스떼 첼   마이 마레   몰   딘   로므니아?

• 입어봐도 될까요?
  Pot să încerc?
  뽀뜨 써 은체르끄?

• 신발 파는 라인이 어디인가요?
  Unde este raionul de încălţăminte?
  운데 예스떼 라이오눌 데 은깔쩌민떼?

• 무엇을 도와드릴까요?
  Cu ce vă pot ajuta?
  꾸 체 버 뽀뜨 아주따?

• 현금으로 낼 수 있나요?
  Pot plăti în numerar?
  뽀뜨 쁠러띠 은 누메라르?

• 얼마에요?
  Cât costă?
  꿋 꼬스떠?

• 남성용 셔츠를 보여 주실레요?
  Îmi puteţi arăta cămăşile pentru bărbaţi?
  음 뿌떼찌 아러따 꺼머쉴레 뻰뜨루 버르바찌?

• 좀 더 싼거는 없나요?
  Nu aveţi ceva mai ieftin?
  누 아베찌 체바 마이 이에프띤?

• 가격을 좀 할인해 주실 수 있나요?
  Puteţi face reducere de preţ?
  뿌떼찌 파체 레두체레 데 쁘레쯔?

• ...을 얼마 주고샀니?
  Cât ai dat pe...?
  꿋 아이 닷 뻬...?

• 다음 주에 가격 인하가 시작될 것 입니다.
  Va începe reducere de preţ în săptămâna viitoare.
  바 은체뻬 레두체레 데 쁘레쯔 은 썹떠므나 비또아레.

• 더 큰 사이즈 있나요?
  Aveţi mărime mai mare?
  아베찌 머리메   마이 마레?

• 다른 것을 주실 수 있나요?
  Puteţi să-mi daţi altul?
  뿌떼찌 썸   다찌 알뚤?

• 치즈 1키로 주세요.
  Un kilogram de brânză vă rog.
  운 낄로그람   데 브른저   버 록.

대화1　상점에서 쇼핑에 대해서 문의하는 내용

고객:　　　　　아동용 바지 한 벌을 사고 싶습니다.
Client:　　　Vreau să iau o pereche de pantaloni pentru copii.
끌리엔뜨:　　　브레아우 써 이아우 오 뻬레께   데 빤딸로니   뻰뜨루   꼬삐.

여자 판매원:　남아인가요 여아인가요?
Vânzătoare:　Fetiţă sau băiat?
븐저또아레:　　페띠쩌 싸우 버이아뜨?

고객:　　　　　여아입니다.
Client:　　　Fetiţă
끌리엔뜨:　　　페띠쩌

여자 판매원:　여아용 바지는 B열에 있습니다.
Vânzătoare:　Pantalonii pentru fetiţe sunt la raionul B.
븐저또아레:　　빤딸로니　　뻰뜨루　페띠쩌 쑨뜨 라 라이오눌 베.

　　　　　　　　몇 살 인가요 아님 치수를 아시나요?
　　　　　　　　Câţi ani are sau stiţi mărimea ei?
　　　　　　　　꿋찌　 아니 아레 싸우 슈띠찌 머리메아　 예이?

고객:　　　　　6살 입니다.
Client:　　　Are 6 ani.
끌리엔뜨:　　　아레 샤세 아니.

Ⅲ. 장소별 표현 **217**

여자 판매원: 그렇다면 할인 가격으로 판매되는 여아용 청바지를 추천
드립니다.

Vânzătoare: Atunci vă recomand blugii pentru fetiţe cu

본저또아레: 아뚠치 버 레꼬만드 블루지 뻰뜨루 페띠쩨 꾸

preţul redus.

쁘레쭐 레두스.

고객: 어디에서 그 상품을 찾을 수 있나요?

Client: Unde pot găsi aceste produse?

끌리엔뜨: 운데 뽀뜨 거씨 아체스떼 쁘로두쎄?

여자 판매원: 역시 B열에 있어요.

Vânzătoare: Tot la raionul B.

본저또아레: 똣 라 라이오눌 베.

할인된 가격으로 판매되는 제품들은 한 곳에 모여져 있
습니다.

Produsele care se vând cu preţul redus sunt

쁘로두쎌레 까레 쎄 븐드 꾸 쁘레쭐 레두스 쑨뜨

adunate într-un loc.

아두나떼 은뜨룬 록.

고객: 고맙습니다.

Client: Mulţumesc mult.

끌리엔뜨: 물쭈메스끄 물뜨

여자 판매원: 천만에요

Vânzătoare: Cu mare plăcere.

본저또아레: 꾸 마레 쁠레체레

대화 2 서점에서 책을 찾아주기를 부탁하는 내용

고객: 죄송합니다만...!

Client: Mă scuzaţi...!

끌리엔뜨: 머 스꾸자찌...!

여자 판매원: 무엇을 도와드릴까요?
Vânzătoare: Cu ce vă pot ajuta ?
븐저또아레: 꾸   체   버   뽀뜨   아주따?

고객: 책 한권을 한참 찾고 있지만 못 찾겠습니다.
Client: Am tot căutat o carte, dar n-am putut-o găsi.
끌리엔뜨: 암   또뜨 꺼우따뜨 오 까르떼,   다르 남   뿌뜻또   거시.

여자 판매원: 책의 제목이 무엇인가요?
Vânzătoare: Care e titlul cărţii?
븐저또아레: 까레   예 띠뚤룰 꺼르찌?

고객: 알렉산드루 로세티의 "루마니아어의 역사"입니다.
Client: "Istoria limbii române" a lui Al. Rosetti.
끌리엔뜨: 이스또리아 림비   로므네   아 루이 알렉싼드루 로쎄티.

여자 판매원: 여기에는 없습니다. 고서점에서 찾아보세요!
Vânzătoare: Nu este aici. Încercaţi la anticariat!
븐저또아레: 누   예스떼 아이치. 은체르까찌   라 안띠까리아드!

고객: 이 책이 없다구요?
Client: Nu aveţi această carte?
끌리엔뜨: 누   아베찌   아체아스떠 까르떼?

여자 판매원: 네. 그것은 고서입니다. 여기에는 새책들 밖에 없어요.
Vânzătoare: Nu. E o carte veche. Aici sunt numai cărţi noi.
누.   예 오 까르떼 베께.   아이치 쑨뜨   누마이   꺼르찌 노이.

고객: 네. 알겠습니다.
Client: Da. Am înţeles.
끌리엔뜨: 다.   암   은쩰레쓰.

▷ 기본 어휘

- 주유소
  ## Benzinărie
  벤지너리에

- 주유소
  ## PECO
  뻬꼬

- 휘발유
  ## Benzină
  벤지너

- 디젤
  ## Motorină
  모또리너

- 엘피지
  ## GPL
  제뻴레

- 주유기
  ## Pompă
  뽐뻐

- 무연
  ## Fără plumb
  퍼러 쁠름브

- 유연
  ## Cu plumb
  꾸 쁠름브

- 가득
  ## Plin
  쁠린

• 자동차 세차
Spălătorie auto
스뻘러또리에   아우또

• 부동액
Antigel
안티젤

• 벨트
Curea
꾸레아

• 타이어
Cauciuc
까우치욱

▶ **기본 표현**

• 얼마나 넣을까요?
Cât să pun?
꿋   써   뿐

• 휘발유를 넣을까요 경유를 넣을까요?
Pun benzină sau motorină?
뿐   벤지너   싸우 모떠리너

• 1리터에 얼마인가요?
Cât costă un litru?
꿋   꼬스떠 운 리뜨루?

• 여기에서 가장 가까운 주유소가 어디에 있나요?
Unde este benzinăria cea mai apropiată de aici?
운데   예스떼 벤지너리아   체아 마이 아쁘로삐아떠 데 아이치?

• 루마니아 지도 있으세요?
Aveți harta României?
아베찌   하르따 로므니에이?

• 화장실이 어디에 있나요?
Unde este toaleta?
운데   예스떼 또알레따?

고객: 안녕하세요. 5번 주유기요.
Client: **Bună ziua. La pompa 5.**
끌리엔뜨: 부너   지우아. 라 뽐빠   친치.

여자 점원: 300 론 입니다.
Vânzătoare: **300 de ron vă rog.**
본저또아레: 뜨레이 수떼 데 론 버 록.

고객: 그리고 이것들도 같이 계산해주세요.
Client: **Şi acestea împreuna**
끌리엔뜨: 쉬 아체스떼아 음쁘레우너.

여자 점원: 총 415 론 입니다.
Vânzătoare: **În total 415 ron.**
본저또아레: 은 또딸   빠뜨루 수떼 친스프레제체 론.

고객: 여기 500론이요.
Client: **Poftiţi 500 de ron.**
끌리엔뜨: 뽀프띠찌   친 수떼 데 론.

여자 점원: 잔돈 있으세요? 15론?
Vânzătoare: **Aveţi mărunt? 15 ron?**
본저또아레: 아베찌 머룬뜨?   친스프레제체 론?

고객: 확인해 볼께요. 네. 있네요. 여기 15론이요.
Client: **Am să verific. Da. Am. Poftiţi 15 ron.**
끌리엔뜨: 암   써 베리픽.   다.   암.   뽀프띠찌 친스프레제체 론.

여자 점원: 감사합니다. 여기 100론 받으세요.
Vânzătoare: **Mulţumesc. Poftiţi, 100 de ron.**
본저또아레: 물쭈메스끄.   뽀프띠찌   오 수떠 데 론.

08 뷰티샵 : 이발소, 미장원 및 머리 손질

▷ 기본 어휘

• 이발소
Frizerie
프리제리에

• 이발사
Frizer
프리제르

• 미장원
Salon de coafură
살론　데　꼬아푸러

• 미용사
Coafeză
꼬아페자

• 머리 손질하다 (주로 여성)
A coafa
아 꼬아파

• 이발하다
A se tunde
아 세 뚠데

• 빗
Pieptene
삐엡떼네

- 씻다
A se clăti
아 쎄 끌러띠

- 머리에 웨이브를 주다
A face onduleuri
아 파체 온둘레우리

- 헤어드라이어
Uscător de păr
우스꺼또르 데 뻐르

- 샴푸
Şampon
샴뽄

- 린스
Balsam
발쌈

- 스프레이
Fixativ
픽싸띠브

- 젤
Gel
젤

- 머리핀
Agrafă
아그라퍼

- 두피
Scalp
스깔프

- 비듬
Mătreaţă
머뜨레아쩌

- 대머리
  Chel
  껠

- 가발
  Perucă
  뻬루꺼

▷ 기본 표현

- 짧게 이발하고 싶습니다.
  Vreau să mă tund scurt.
  브레아우 써 머 뚠드 스꿀르뜨.

- 금발로 염색하고 싶습니다.
  Vreau să-mi vopsesc părul blond.
  브레아우 썸 봅세스크 뻐룰 블론드.

- 머리를 곱슬곱슬하게 만들고 싶습니다.
  Vreau să-mi fac părul creţ.
  브레아우 썸 팍 뻐룰 끄레쯔.

- 스트레이트로 만들고 싶습니다.
  Vreau să-mi fac părul drept.
  브레아우 썸 팍 뻐룰 드렙뜨.

- 스트레이트로 자르고 싶습니다.
  Vreau tunsoare dreaptă.
  브레아우 뚠쏘아레 드레압떠.

- 여기에 제시된 사진들 가운데 하나로 이발하고 싶습니다.
  Vreau să mă tund ca una dintre pozele prezentate aici.
  브레아우 써 머 뚠드 까 우나 딘뜨레 뽀젤레 쁘레젠따떼 아이치.

뷰티샵 : 이발소 · 미장원 및 머리 손질

이 사진처럼 짧게 이발하고 싶습니다.

A: Vreau să mă tund scurt ca în poza asta.
브레아우 써 머 뚠드 스꾸르뜨까 은 뽀자 아스따.

네 하지만 이 스타일의 머리는 관리하는데 시간이 많이 걸린답니다.

B: Bine, dar să stiţi că acestui stil de păr îi trebuie mult
비네, 다르 써 슈띠찌 꺼 아체스뚜이 스틸 데 뻐르 으이 뜨레부이에 물뜨

timp de îngrijire.
띰쁘 데 은그리지레.

그래요? 그렇다면 관리하기 쉬운 머리 스타일을 추천해 주시겠
어요?

A: Aşa e? Atunci puteţi să-mi recomandaţi un stil de păr
아샤 예? 아뚠치 뿌떼찌 썸 레꼬만다찌 운 스띨 데 뻐르

care e uşor de îngrijit?
까레 예 우쇼르 데 은그리짓.

이 스타일은 어떠세요? 당신이 고른 스타일 보다 조금 길고

B: Cum e acest stil? Un pic mai lung decât cel pe care
꿈 예 아체스뜨 스틸? 운 삑 마이 룽 데껏 첼 뻬 까레

l-aţi ales
라찌 알레스.

그리고 만약에 젤을 사용하신다면 일분만에 머리를 손질 할 수
있습니다.

Şi dacă folosiţi gel puteţi aranja părul într-un minut.
쉬 다꺼 폴로시찌 젤, 뿌떼찌 아란자 뻐룰 은뜨룬 미누뜨.

좋습니다. 그럼 이 스타일을 선택하겠습니다.

A: Bine atunci aleg acest stil.
비네 아뚠치 알레그 아체스뜨 스틸.

좋은 선택입니다!

B: Bună alegere!
부너 알레제레!

Thema III

뷰티샵 :: 이발소 · 미장원 및 머리 손질

병원 & 약국

9.1 병원

▷ 기본 어휘

질병관련

- 질병
  Boală
  보알러

- 두통
  Durere de cap
  두레레　데　깝

- 코피
  Sângerarea nasului
  쓴제라레아　　나쑬루이

- 기침
  Tuse
  뚜쎄

- 열
  Febră
  페브러

- 감기
  Răceală
  러체알러

- 독감
  Gripă
  그리뻐

- 조류독감
  Gripă aviară
  그리뻐 아비아러

- 돼지독감
  Gripă porcină
  그리뻐 뽀르치너

- 신종독감
  Gripă nouă
  그리뻐 노우어

- 천식
  Astm
  아스뜸

- 심근경색
  Infarct
  인파륵뜨

- 당뇨병
  Diabet
  디아벳

- 혈압
  Tensiune
  뗀씨우네

- 알러지
  Alergie
  알레르지에

- 감염
  Infecţie
  인펙찌에

- 바이러스
  Virus
  비루스

- 복통
  Durere de stomac
  두레레　데 스또막

- 홍역
  Rujeolă
  루제올러

- 설사
  Diaree
  디아레

- 변비
  Constipaţie
  꼰스띠빠찌에

- 구토하다
  A vomita
  아 보미따

- 기절하다
  A leşina
  아 레쉬나

사고 & 외상 관련

- 사고
  Accident
  악치덴뜨

- 상처
  Rană
  라너

- 중독
  Intoxicaţie
  인똑씨까찌에

- 붕대
  Bandaj
  반다즈

- 진통제
  Calmant
  깔만뜨

- 드레싱
  Faşă
  파셔

- 인공호흡
  Resuscitare
  레쑤스치따레

- 쇼크
  Şoc
  속

- 의식불명
  Inconştient
  인꼰슈띠엔뜨

- 맥박
  Puls
  뿔스

- 호흡
  Respiraţie
  레스삐라찌에

- 접지름
  Luxaţie
  룩싸찌에

- 골절
  Fractură
  프락뚜러

- 절단
  Tăietură
  떠이에뚜러

- 긁힘
  Zgârietură
  즈그리에뚜러

- 멍듦
  Vânătaie
  브너따이에

- 찔림
  Înţepătură
  은쩌뻐뚜러

- 물림
  Muşcătură
  무슈꺼뚜러

치통 관련

- 치통
  Durere de dinţi
  두레레   데 딘찌

- 플라그
  Placă bacteriană
  쁠라꺼   박떼리아너

- 발치
  Extracţie
  엑스뜨락찌에

- 크라운치료
Coroniţă
꼬로니쩌

- 썩음
Carie
까리에

- 칫실
Aţă dentală
아쩌 덴딸러

병원-질병 분과

- 병원
Spital
스삐딸

- 응급병원
Spitalul de urgenţă
스삐딸룰 데 우르젠쩌

- 의원
Clinică
끌리니꺼

- 의원
Cabinet medical
까비넷 메디깔

- 치과
Stomatologie
스또마똘로지에

- 심장학
Cardiologie
까르디올로지에

- 여성과
  Ginecologie
  지네꼴로지에

- 피부과
  Dermatologie
  데르마똘로지에

- 정신과
  Psihiatrie
  프시히아뜨리에

병원이용관련

- 검진
  Consultaţie
  꼰쑬따찌에

- 예약
  Programare
  쁘로그라마레

- 대기실
  Sală de aşteptare
  쌀러 데 아슈뗍따레

- 메디컬 테스트
  Examen medical
  에그자멘   메디깔

- 체온계
  Termometru
  떼르모메뜨루

수술
  Operaţie
  오뻬라찌에

- 중환자실
Reanimare
레아니마레

- 의사
Doctor
독또르

- 간호사
Asistentă medicală
아시스뗀떠   메디깔러

- 외과의사
Chirurg
끼루르그

- 치과의사
Dentist
덴띠스뜨

- 안과의사
oftalmolog
오프딸몰로그

- 주사
Injecţie
인젝찌에

- 엑스레이
Radiografie
라디오그라피에

- CT 스캔
Ecografie
에꼬그라피에

- 임신
Sarcină
싸르치너

- 임신테스트
Test de sarcină
떼스뜨 데 싸르치너

- 자궁
Uter
우떼르

- 태반
Placentă
쁠라첸떠

- 탯줄
Cordon ombilical
꼬르돈   옴빌리깔

- 임신
însărcinată
은써르치나떠

- 인큐베이터
Incubator
인꾸바또르

▶ **기본 표현**

- 의사에게 진찰을 받아보고 싶습니다.
Vreau să consult un doctor.
브레아우 써 꼰쑬뜨   운 독또르.

- 치아가 아픕니다.
Mă dor dinţii.
머   도르 딘찌.

- 목이 아프니?
Te doare gâtul?
떼 도아레   그뚤?

• 그는 허리가 아프다.
Îl doare spatele.
을 도아레   스빠뗄레.

• 어디가 아프니?
Unde simţi durerea?
운데   씸찌   두레레아?

• 어디가 아프세요?
Unde vă doare?
운데   버 도아레?

• 구급차를 불러야 합니다!
Trebuie să chemaţi salvarea!
뜨레부이에 써 께마찌   쌀바레아!

• 병원까지 가도록 도와주실 수 있나요?
Puteţi să mă ajutaţi să merg până la spital?
뿌떼찌   써 머   아주따찌 써 메르그 쁘너   라 스삐딸?

• 피부과에 예약을 하고 싶습니다.
Vreau să fac programare la dermatologie.
브레아우 써 팍   쁘로그라마레   라 데르마똘로지에.

• 잠을 잘 잘 수 없어요.
Nu pot să dorm bine.
누   뽀뜨 써 도름   비네.

• 전 감기에 걸린 것 같아요.
Cred că sunt răcit.
끄레   꺼 쑨뜨 러치뜨.

• 소화불량이에요.
Am făcut o indigestie.
암   퍼꿋   오 인디제스띠에.

• 숨을 잘 쉴 수 있나요?
Puteţi respira bine?
뿌떼찌   레스삐라   비네?

- 심장에 문제가 있었나요?
  Aveaţi probleme cu inima?
  아베아찌 쁘로블레메 꾸 이니마?

- 두통 때문에 고생하고 있습니다.
  Mă supără o durere de cap.
  머 쑤뻐러 오 두레레 데 깝.

- 어제부터 고열이 납니다.
  De ieri am febră mare.
  데 이에리 암 페브러 마레.

- 맹장 수술을 한 적이 있습니다.
  Am fost operat de apendicită.
  암 포스뜨 오뻬라뜨 데 아뻰디치떠.

- 배를 누르면 아픕니까?
  Vă doare dacă apăs pe burtă?
  버 도아레 다꺼 아뻐스 뻬 부르떠?

- 입을 벌리고 "아"라고 말해 보세요.
  Deschideţi gura şi spuneţi A.
  데스끼데찌 구라 쉬 스뿌네찌 아.

- 간호사가 당신을 대기실로 안내할 것입니다.
  Asistenta o să vă conducă în sala de aşteptare.
  아씨스뗀따 오 써 버 꼰두꺼 은 쌀라 데 아슈뗍다레.

- 당신의 건강 상태는 그리 심각하지 않습니다.
  Starea sănătăţii dumneavoastră nu este atât de gravă.
  스따레아 써너떠찌 둠네아보아스뜨러 누 예스떼 아즈 데 그라버.

- 당신이 가능한 빨리 회복 하시길 빕니다.
  Vă doresc să vă reveniţi cât mai repede.
  버 도레스크 써 버 레베니찌 꿋 마이 레뻬데.

- 어느 이빨이 아프신지요?
  Care dinte vă supără?
  까레 딘떼 버 수뻐러?

• 이빨들이 썩었네요.
Dinții sunt cariați.
딘찌   쑨뜨   까리아찌.

병원에서 진찰하는 내용

의사: 어디가 불편하세요?
Doctor: Ce vă supără?
독또르: 체   버 수뻐러?

환자: 제가 열이 나고 기침을 너무 많이 합니다.
Pacient: Am febră şi tuşesc prea mult.
빠치엔뜨: 암   페브러 쉬 뚜셰스크 쁘레아 물뜨.

의사: 셔츠 좀 내려 주시겠습니까?
Doctor: Vreţi, vă rog, să vă desfaceţi cămaşa?
독또르: 브레찌, 버 록,   써 버 데스파쩨찌   꺼마샤?

        당신의 숨소리를 들어보고 싶습니다. 깊게 숨 쉬세요.
        Vreau să vă ascult. Respiraţi adânc vă rog.
        브레아우 써 버 아스꿀뜨. 레스삐라찌   아든크   버 록.

의사: 당신은 감기에 걸리셨습니다. 처방전을 드리겠습니다.
Doctor: Sunteţi răcit. Vă dau prescripţie medicală.
독또르: 쑨떼찌   러치뜨. 버 다우 프레스크립찌에 메디깔러.

        약을 드시고 집에 쉬세요.
        Luaţi medicamentele şi odihniţi-vă acasă.
        루아찌 메디까멘뗄레   쉬 오디흐니찌   버 아까써.

환자: 기침 때문에 괴롭습니다.
Pacient: Mă deranjează tusea foarte mult.
빠치엔뜨: 머   데란제아저   뚜쎄아 포아르떼 물뜨.

의사: 당신에게 드린 처방전에 기침약도 포함되어 있습니다.

Doctor: În prescripţia pe care v-am dat-o sunt incluse şi

독또르: 은 쁘레스크립찌아 뻬 까레 밤 닷또 쑨뜨 인끌루쎄 쉬

medicamentele pentru tuse.

메디까멘뗄레 뻰드루 뚜셰.

좀 더 좋아지실 것입니다.

O să vă simţiţi mai bine.

오 써 버 씸찌찌 마이 비네.

환자: 감사합니다.

Pacient: Mulţumesc.

빠치엔뜨: 물쭈메스끄

9.2 약국

▷ 기본 어휘

- 약국
  Farmacie
  파르마치에

- 약사
  Farmacist
  파르마치스뜨

- 약
  Medicament
  메디까멘뜨

- 알약
  Pastilă
  빠스띨러

- 정제
  Tabletă
  따블레떠

- 물약
Picături
삐꺼뚜리

- 항생제
Antibiotic
안티비오띡

- 피임약
Anticoncepţional
안티꼰쳅찌오날

좌약
Supozitor
쑤뽀지또르

- (배변 등을 위한)완하제
Laxativ
락싸티브

- 삼키다
A înghiţi
아 은기찌

▶ **기본 표현**

- 수면제 하나를 원합니다.
Aş dori un somnifer.
아쉬 도리 운 쏨니페르.

- 용량이 어떻게 되나요?
Ce doză se ia?
체 도저 쎄 이야?

- 식후 세 개의 약통에서 한 알씩 약을 드세요.
Luaţi câte o pastilă din trei cutii de medicamente după
루아찌 꿋떼 오 빠스띨러 딘 뜨레이 꾸띠 데 메디까멘떼 두뻐
masă.
마써.

- 물약을 원하세요 아니면 알약을 원하세요?

  Doriţi picături sau tablete?

  도리찌 삐꺼뚜리 싸우 따블레떼?

- 물 한 잔만 주실 수 있나요?

  Puteţi să-mi daţi un pahar de apă?

  뿌떼찌 썸 다찌 운 빠하르 데 아뻐?

- 여기 처방전 받으세요!

  Poftiţi reţetă!

  뽀프띠찌 레쩨떠!

- 처방전 없이 살 수 있는 감기약 있나요?

  Aveţi medicamente pentru răceală pe care pot să le

  아베찌 메디까멘떼 뻰뜨루 러체알러 뻬 까레 뽀뜨 썰 레

  cumpăr fără reţetă?

  꿈뻐르 퍼러 레쩨떠?

대화   약국에서 약을 받는 내용

약사: 여기 약 받으세요.

Farmacist: Poftiţi medicamentele dumneavoastră.

파르마치스트: 뽀프띠찌 메디까멘뗄레 둠네아보아스뜨러

식후에 약을 드셔야 합니다.

Trebuie să luaţi medicamentele după masă.

뜨레부이에 써 루아찌 메디까멘뗄레 두뻬 마써.

그렇지 않으면 위장이 아플것 입니다.

Altfel o să vă supere stomacul.

알뜨펠 오 써 버 쑤뻬레 스또마꿀.

환자: 만약에 너무 아프면 용량을 초과해서 먹을 수 있나요?

Pacientă: Pot să iau o doză mai mare în cazul în care mă

빠치엔떠: 뽀뜨 써 이야우 도저 마이 마레 은 까줄 은 까레 머

doare prea tare?

도아레 쁘레아 따레?

약사:　　　그런 경우에는 한 알을 더 드시고 거기까지 입니다.
Farmacist: În acest caz puteţi să luaţi încă o pastilă şi atât.
파르마치스트:　은 아체스뜨 까즈 뿌떼찌　써 루아찌 은꺼　오 빠스띨러 쉬 아뜻.

환자:　　　알겠습니다. 감사합니다.
Pacientă:　Am înţeles. Mulţumesc.
빠치엔떠:　　암　은쩰레스.　물쭈메스끄.

약사:　　　천만에요.
Farmacist: Cu plăcere.
파르마치스트:　꾸　쁠러체레

Thema

IV

주제별 표현

01 날씨

▶ 기본 어휘

Thema IV 날씨

- 날씨
  Vreme
  브레메

- 오로라
  Auroră
  아우로러

- 자외선
  Raze ultraviolete
  라제 울뜨라비올레떼

- 적외선
  Radiaţii infraroşii
  라디아찌 인프라로쉬

- 햇빛
  Lumina soarelui
  루미나 쏘아렐루이

- 천둥
  Tunet
  뚜넽

- 소나기
  Aversă
  아베르써

- 해가 뜬
  Însorit
  은쏘리뜨

- 구름 낀
  Înnorat
  은노라뜨

- 따뜻한
  Cald
  깔드

- 추운
  Frig
  프리그

- 매우 더운
  Foarte cald
  포아르떼 깔드

- 건조한
  Uscat
  우스까뜨

- 습한
  Umed
  우메드

- 강풍
  Furtună
  푸르뚜너

- 번개
  Fulger
  풀제르

- 기온
  Temperatură
  뗌뻬라뚜러

- 구름
  Nor
  노르

- 비
  Ploaie
  쁠로아이에

- 안개
  Ceaţă
  체아쩌

- 무지개
  Curcubeu
  꾸르꾸베우

- 눈
  Zăpadă
  저빠더

- 얼음
  Gheaţă
  게아쩌

- 허리케인
  Uragan
  우라간

- 장맛비
  Muson
  무쏜

- 홍수
  Inundaţie
  이눈다찌에

- 매우 추운 날씨
  Ger
  제르

▷ 기본 표현

- 비가 온다.
  Plouă.
  쁠로우어.

- 눈이 온다.
  Ninge.
  닌제.

- 밖에 날씨가 어때?
  Cum e afară?
  꿈   예 아파러?

- 오늘 날씨가 어때?
  Cum e vremea astăzi?
  꿈   예 브레메아   아스떠지?

- 섭씨 20도이다.
  Sunt 20 de grade Celsius.
  쑨뜨 도우어제치 데 그라데 첼시우스.

- 구름이 끼어 있다.
  Este înnorat.
  에스떼 은노라뜨.

- 천둥과 번개를 동반한 폭풍이 불 것이다.
  Va fi o furtună cu fulgere şi tunete.
  바 피 오 푸르뚜너   꾸   풀제레   쉬 뚜네떼.

- 강하게 바람이 분다.
  Bate vântul tare.
  바떼   븐뚤   따레.

- 곧 비가 올 것이다.
  Va ploua în curând.
  바   쁠로우아 은 꾸른드.

- 어제 눈이 왔다.
  A nins ieri.
  아 닌스 이예리.

- 비가 오기 시작했다.
  A început să plouă.
  아 은체뿌뜨   써 쁠로우어.

- 매우 춥다.
  Este foarte frig.
  예스떼 포아르떼 프리그.

- 눈이 매우 많다.
  Este o gramadă de zăpadă.
  예스떼 오 그라마더   데 저빠더.

- 바닥이 미끄럽습니다.
  Este alunecos pe jos.
  예스떼 알루네꼬스   뻬 조스.

- 안개가 너무 진합니다. 아무것도 보이지 않아요.
  Ceața este prea deasă. Nu se vede nimic.
  체아쩌   예스떼 쁘레아 데아써.   누 쎄 베데   니믹.

- 내일 날씨가 어떨거 같아요?
  Cum va fi vremea mâine?
  꿈   바 피 브레메아   므이네?

- 날씨예보에 따르면 내일은 맑을 것입니다.
  Conform buletinului meteo mâine va fi senin.
  꼰포름   블레띤눌루이   메떼오   므이네   바 피 쎄닌.

- 점점 더 따뜻해집니다.
  Se face mai cald.
  쎄 파체   마이 깔드.

- 내일 최고 온도는 얼마입니까?
  Care este temperatura maximă pentru mâine?
  까레   예스떼 뗌뻬라뚜러   막씨머   뻰뜨루   므이네?

- 내일 기온은 섭씨 10도에서 20도 사이에 머물 것입니다.
  Mâine temperaturile vor fi cuprinse între 10 şi 20 de
  므이네   뗌뻬라뚜릴레   보르 피 꾸쁘린쎄   은뜨레 제체 시 도우어제치 데
  grade Celsius.
  그라데   첼시우스.

- 정말 안개가 심한 날이군!
  Ce zi ceţoasă este!
  체 지 체쪼아써   예스떼!

- 정말 추운 날이군!
  Ce zi geroasă este!
  체 지 제로아써   예스떼!

- 해는 아침에 더 일찍 뜬다.
  Soarele răsare mai devreme dimineaţa.
  쏘아렐레   러싸레   마이 데브레메   디미네아짜.

- 날은 점점 더 길어진다.
  Zilele se lungesc din ce în ce mai mult.
  질렐레   쎄 룬제스끄   딘   체 은 체 마이 물뜨.

- 하늘에는 구름으로 가득하다.
  Pe cer e plin de nori.
  뻬 체르 예 쁠린 데 노리.

- 하늘은 맑아진다.
  Cerul s-a limpezit.
  체룰   싸   림뻬지뜨.

- 지난 여름은 매우 더웠다.
  Vara trecută a fost foarte caldă.
  바라   뜨레꾸떠   아 포스뜨 포아르떼   깔더.

- 며칠 밤이 연속해서 매우 무더웠다.
  Au fost câteva nopţi caniculare consecutiv.
  아우 포스뜨 끄떼바   놉찌   까니꿀라레   꼰쎄꾸띠브.

• 날씨는 좀 더 시원해질 것이다.
  Vremea o să fie mai răcoroasă.
  브레메아   오 써 피에 마이 러꼬로아써.

• 이번 가을은 비가 너무 많이 온다.
  Toamna aceasta plouă prea mult.
  또암나   아체아스따 쁠로우어 쁘레아 물뜨.

날씨에 관한 내용

덥지 않니?
Ana: Nu ţi-e cald?
아나: 누 찌에 깔드?

네 더워요. 5월 치고는 너무 더워요.
Bogdan: Ba da mi-e cald. E prea clad pentru mai.
보그단: 바 다 미에 깔드. 예 쁘레아 깔드 뻰드루 마이.

맞아요. 공해 때문에 여름이 점점 더 더워지네요.
Ana: Aşa este. Din cauza poluării vara devine din ce în
아나: 야샤 예스떼. 딘 까우자 뽈우어리 바라 데비네 딘 체 은
ce mai caldă.
체 마이 깔더.

우리 밖으로 나갈까? 우리는 좀 신선한 공기가 필요해.
Bogdan: Vrei să iesim afară? Ne trebuie aer mai rece.
보그단: 브레이 써 이예심 아파러? 네 뜨레부이에 아에르 마이 레체.

좋아. 우리 나가자.
Ana: Bine. Iesim.
아나: 비네. 이예심.

Thema **IV** 날씨

너 날씨 예보를 들었니?

Ana: Ai auzit ce spune buletinul meteo?

아나: 아이 아우짓 체 스쁘네　불레띤눌　메떼오?

네. 내일은 오늘보다 더 추울 것입니다.

Bogdan: Da. Mâine va fi mai frig decât astăzi.

보그단: 다.　므이네　바 피 마이　프리그 데끄뜨 아스떠지.

안타깝게도 난 나를 따뜻하게 해 줄 두꺼운 옷이 없어.

Ana: Din păcate nu am o haină groasă care să îmi poată

아나: 딘　뻐까떼　누　암　오 하이너 그로아써 까리 썸　뽀아떠

ţină de cald.

찌너 데 깔드.

같이 쇼핑 할래?

Bogdan: Vrei să facem cumpărături împreună?

보그단: 브레이 써 파쳄　꿈뻐러뚜리　음쁘레우너?

나도 겨울용 스웨터가 필요한데.

Îmi trebuie şi mie un pulover de iarnă.

음　뜨레부이에 쉬 미에 운 뿔로베르 데 이아르너.

좋아. 오후 한시에 문리대학 로비에서 볼래?

Ana: Bine. Ne vedem la ora unu după masă undeva pe

아나: 비네.　네　베뎀　라　두퍼 마써 운데비 뻬

holul Facultăţii de Litere?

홀룰　파꿀떠찌　데　리떼레?

좋아. 거기에서 한시에 보자.

Bogdan: Bine. Ne vedem la ora unu acolo.

보그단: 비네.　네　베뎀　라 오라 우누 아꼴로.

02 스포츠

▷ 기본 어휘

Fotbal

- 축구
  Fotbal
  폿발

- 축구 선수
  Fotbalist
  폿발리스뜨

- 골
  Gol
  골

- 프리킥
  Lovitură liberă
  로비뚜러   리베러

- 경기장
  Stadion
  스따디온

- 파울
  Fault
  파울뜨

- 레드 카드
  Cartonaş roşu
  까르또나슈   로슈

- 옐로우 카드
Cartonaş galben
까르또나슈　갈벤

- 골키퍼
Portar
뽀르따르

- 공격수
Înaintaş
으나인따슈

- 수비수
Fundaş
푼다슈

- 연장시간
Prelungire
쁘레룬지레

Baschetbal

- 농구
Baschetbal
바스껫발

- 농구장
Teren de baschet
떼렌 데 바스께뜨

- 패스
Pasă
빠써

- 3점라인
Linie de trei puncte
리니에　데　뜨레이 뿡떼

- 리바운드
Repunere în joc
레뿌네레　은 족

- 그물
Plasă
쁠라써

- 농구선수
Baschetbalist
바스껫발리스뜨

- 드리블하다
A dribla
아 드리블라

Volei-bal

- 배구
Volei-bal
볼레이발

- 배구장
Teren de volei
떼렌　데 볼레이

- 그물
Fileu
필레우

- 블로킹
Blocare
블로까레

Tenis

- 테니스
  Tenis
  떼니스

- 라켓
  Rachetă
  라께떠

- 라켓대
  Ramă
  라머

- 라켓줄
  Cordaj
  꼬르다쥬

- 손잡이
  Mâner
  므네르

- 테니스장
  Teren de tenis
  떼렌   데   떼니스

- 단식
  Simplu
  심쁠루

- 복식
  Dublu
  두불르

- 경기
  Meci
  메치

- 어드밴티지
  Avantaj
  아반따쥬

- 듀스
  Egalitate
  에갈리따떼

- 슬래쉬
  Lovitură tăiată
  로비뚜러   떠이아떠

- 에이스
  As
  아스

- 써비스
  Serviciu
  쎄르비치우

- 발리
  Voleu
  볼레우

- 리턴
  Retur
  레투르

- 포핸드
  Lovitură de dreapta
  로비두러   데   드레압떠

- 백핸드
  Lovitură de rever
  로비뚜러   데   레베르

Golf

- 골프
  Golf
  골프

- 홀
  Gaură
  가우러

- 티잉그라운드
  Plecare
  쁠레까레

- 그린
  Verde
  베르데

- 벙커
  Bunker
  벙커

- 깃발
  Steag
  스떼아그

- 러프
  Teren accidentat
  떼렌   악치덴따뜨

- 스텐스
  Poziţie
  뽀지찌에

- 골프코스
  Traseu de golf
  뜨라쎄우 데 골프

- 워터해저드
Obstacol cu apă
옵스따꼴 　 꾸 　아뻐

- 클럽하우스
Pavilion
빠빌리온

- 골프백
Sac de golf
싹 　 데 　골프

- 골프채
Crosă de golf
크로써 　데 　골프

- 우드
Crosă de lemn
크로써 　데 　렘느

- 아이언
Crosă de fier
크로써 　데 　피에르

- 퍼터
Crosă putter
크로써 　 퍼터

- 파
Egalitate
에갈리따떼

- 언더 파
Egalitate discutată
에갈리따떼 　 디스꾸따떠

- 오버 파
Sfârşitul egalităţii
스프루쉬뚤 　에갈리떠찌

- 핸디캡
  Handicap
  핸디캡

Atletism

- 육상
  Atletism
  아뜰레띠슴

- 레인
  Culoar
  꿀로아르

- 트랙
  Pistă
  삐스떠

- 결승선
  Linie de finiş
  리니에 데 피니슈

- 출발선
  Linie de start
  리니에 데 스타르뜨

- 투창
  Suliţă
  쑬리쩌

- 원반던지기
  Aruncarea discului
  아룬까레아   디스꿀루이

- 투포환
  Aruncarea greutăţii
  아룬까레아   그레우떠찌

Thema ⅣV

스포츠

- 스탑워치
  Cronometru
  크로노메뜨루

Înot I

- 수영
  Înot
  으노뜨

- 점프대
  Trambulină
  뜨람불리너

- 다이버
  Săritor
  써리또르

- 수영선수
  Înotător
  으노떠또르

- 자유형
  Stil liber
  스띨 리베르

- 버터플라이
  Stil fluture
  스띨 플루뚜레

- 배영
  Stil spate
  스띨 스빠떼

- 평영
  Stil bras
  스띨 브라스

- 스트록
Lovitură de braţ
로비뚜러 데 브라쯔

- 킥
Lovitură de picior
로비뚜러   데   삐치오르

Schi

- 스키
Schi
스끼

- 케이블 카
Telecabină
뗄레까비너

- 체어리프트
Telescaun
뗄레스까운

- 스키 슬로프
Pantă de schi
빤떠   데 스끼

- 활강로
Pistă de schi
삐스떠 데 스끼

- 스키부츠
Bocanci de schi
보깐치   데 스끼

- 스키폴
Băţ de schi
버쯔 데 스끼

스포츠

• 안전보호막
Barieră de siguranţă
바리에러 데 씨구란쩌

• 스포츠 하시는거 있으세요?
Practicaţi vreun sport?
쁘락띠까찌 브레운 스뽀르뜨?

• 등산은 제가 선호하는 스포츠입니다.
Alpinismul este sportul meu preferat.
알삐니즘 예스떼 스뽀르뚤 메우 쁘레페라뜨.

• 전 겨울 스포츠에 관심이 많습니다.
Mă interesază mult sporturile de iarnă.
머 인떼레쎄아저 물뜨 스뽀르뚜릴레 데 이아르너.

• 넌 여름 스포츠에 관심이 있니?
Te interesează sporturile de vară?
떼 인떼레쎄아저 스뽀르뚜릴레 데 바러?

• 당신은 축구에 관심이 있으세요?
Vă interesează fotbalul?
버 인떼레쎄아저 폿발룰?

• 점수가 어떻게 됩니까?
Care este scorul?
까레 예스떼 스꼬룰?

• 겐챠 경기장이 어디에요?
Unde este stadionul Ghencea?
운데 예스떼 스따디오눌 겐챠?

• 누가 감독입니까?
Cine este antrenor?
치네 예스떼 안뜨레노르?

Thema Ⅳ 스포츠

- 13번을 가진 선수가 누구입니까?
  Cine este jucătorul cu nr. 13?
  치네　예스떼 주꺼또룰　　꾸 누머룰 뜨레이스프레제체?

- 어렵게 얻은 승리였습니다.
  A fost o victorie greu câştigată.
  아 포스뜨 오 빅또리에　그레우 끄슈띠가뜨.

- 무슨 경기를 할까?
  Ce jucăm?
  체　주껌?

- 축구할까?
  Jucăm fotbal?
  주껌　폿발?

- 이 경기의 규칙을 저에게 설명해 주실 수 있으세요?
  Îmi puteţi explica regulile acestui joc?
  음　뿌떼찌　엑쓰쁠리까 레굴릴레　아체스뚜이 족?

- 누가 이기고 있나요?
  Cine câştigă?
  치네　끄슈띠거?

- 루마니아가 2 대 1로 이겼다.
  România a câştigat cu doi la unu.
  로므니아　　아 끄슈띠가뜨 꾸 도이 라 우누.

- 경기는 동점으로 끝났다.
  Meciul s-a terminat la egalitate.
  메치울　싸　떼르미나뜨 라 에갈리따떼.

- 우리나라의 대표팀은 경기를 정말 잘 했다.
  Echipa naţională a ţării noastre a jucat destul de bine.
  에끼빠　나찌오날러　아 쩌리 노아스뜨레 아 주까뜨 데스뚤　데 비네.

- 스테아우아는 아스날에 3대 2로 패했다.
  Steaua a fost învinsă cu trei la doi de Arsenal.
  스떼아우아 아 포스뜨 은빈써　꾸　뜨레이 라 도이 데 아스날

• 대한민국 대표팀은 두 장의 옐로우카드를 받았다.
  Echipa naţională a Coreei a primit două cartonaşe
  에끼빠   나찌오날러   아 꼬레에이 아 쁘리밋   도우어 까르또나셰
  galbene.
  갈베네

• 심판이 핸드볼 가능성을 무시했음이 분명하다.
  Este clar că arbitrul a ignorat un posibil henţ
  예스떼 끌라르 꺼 아르비뜨룰 아 이그노라뜨 운 뽀씨빌   헨쯔.

• 두 팀 모두 A리그 소속이다.
  Ambele echipe sunt în divizia A.
  암벨레   에끼뻬   쑨뜨 은 디비지아 아.

• 우리와 함께 배구하지 않을래?
  Nu vrei să joci volei împreună cu noi?
  누   브레이 써 조치   볼레이 음쁘레우너   꾸 노이?

• 이번은 당신들의 써브 차례입니다.
  Este rândul vostru să serviţi.
  예스떼 른둘   보스뜨루 써 쎄르비찌.

• 좋은 블로킹이었습니다.
  A fost o blocare bună.
  아 포스뜨 오 블로까레   부너.

• 3점을 성공시켰습니다.
  A reuşit să înscrie trei puncte.
  아 레우쉬뜨 써 은스크리에 뜨레이 뿡떼.

• 우사인 볼트는 세상에서 가장 빠른 사람이다.
  Usain Bolt este cea mai rapidă persoană din toată lumea.
  우사인   볼트   예스떼 체아 마이 라삐더   뻬르쏘아너   딘   또아떠 루메아.

• 남자 육상 100미터에서 세계기록인 무엇인지 아니?
  Ştii care este recordul mondial la proba de 100 de metri
  슈띠 까레   예스떼 레꼬르둘   몬디알   라 쁘로바 데 오 수떠 데 메뜨리
  bărbaţi?
  버르바찌?

- 런던 올림픽게임에서 누가 여자육상 100에서 우승했니?
  Cine a câştigat medalia de aur la proba de 100 de metri
  치네 아 끄슈띠가뜨 메달리아   데 아우르 라 쁘로바 데 오 수떠 데 메뜨리
  femei la Jocurile Olimpice de la Londra?
  페메이 라 조꾸릴레   올림삐체   데 라 론드라?

- 너 수영할 줄 아니?
  Poţi să înoţi?
  뽀찌 써 으노찌?

- 너무 멀리서 수영하지 마라! 저쪽은 물이 매우 깊다.
  Te rog să nu înoţi prea departe! Acolo apa este foarte
  떼 록 써 누 으노찌 쁘레아 데빠르떼!   아꼴로 아빠 예스떼 포아르떼
  adâncă.
  아든꺼.

- 물이 어떠니? 따뜻해?
  Cum este apa? Este caldă?
  꿈   예스떼 아빠? 예스떼 깔더?

- 수영금지
  Scăldatul interzis.
  스껄다뚤   인떼르지스.

- 너 스키 탈 줄 아니?
  Ştii să schiezi?
  슈띠 써 스끼에지?

- 루마니아에서 스키 타기에 이상적인 곳이 어디니?
  Unde este locul ideal în România pentru schi?
  운데   예스떼 록꿀 이데알 은 로므니아   뻰뜨루 스끼?

- 설(雪)질이 어때?
  Cum este zăpada?
  꿈   예스떼 저빠더?

- 좀 더 싼 펜션을 빌릴 수 있을까?
  Putem închiria o pensiune mai ieftină?
  뿌뗌   은끼리아   오 뻰시우네   마이 이예프띠너?

나와 함께 축구 경기보러 갈래?

Alex: Vrei să mergi cu mine la un meci de fotbal?
알렉스: 브레이 써 메르지 꾸 미네 라 운 메치 데 풋발?

누가 경기하는데?

Bogdan: Cine joacă?
보그단: 치네 조아꺼?

스테아우아 팀과 라피드 팀의 경기야.

Alex: Este meciul între Steaua şi Rapid.
알렉스: 예스떼 메치울 은뜨레 스떼아우아 쉬 라삐드.

그럼 나도 너하고 갈래. 난 라피드 팀 열성팬이야.

Bogdan: Atunci merg şi eu cu tine. Sunt mare fan Rapid.
보그단: 아뚠치 메르그 쉬 예우 꾸 띠네. 쑨뜨 마레 판 라삐드.

너 이번에도 라피드팀 유니폼입고 갈거니?

Alex: Te duci iarăşi în uniforma lui Rapid?
알렉스: 떼 두치 이야러쉬 은 우니포르마 루이 라삐드?

당연하지.

Bogdan: Sigur că da.
보그단: 씨구르 꺼 다.

엘레나도 올거야.

Alex: O să mai vină şi Elena.
알렉스: 오 써 마이 비너 쉬 엘레나.

아주 좋아. 그녀도 라피드 팬이야. 그녀 아버지가 루마니아
국영 철도회사에서 일해.

Bogdan: Foarte bine. Şi ea ţine mult la Rapid. Tatăl ei
보그단: 포아르떼 비네. 쉬 예아 찌네 물뜨 라 라피드. 따떨 예의

lucrează la CFR.
루크레아져 라 체페레.

안녕! 오늘 오후에 뭐하니?

Alex: **Bună ziua! Ce faci astăzi după-masă?**
알렉스: 부너   지우와! 체   파치 아스떠지 두뻐   마써?

오후에 시간 있는데.

Bogdan: **După-masă sunt liber.**
보그단: 두뻐   마써   쑨뜨 리베르.

그럼 테니스 치지 않을래?

Alex: **Atunci nu vrei să jucăm tenis?**
알렉스: 아뚠치   누   브레이 써 주깜   떼니스?

좋은 생각이긴한데, 빈 테니스장을 못 찾을 것 같은데.

Bogdan: **E bună idea, dar nu cred că putem găsi un teren de**
보그단: 예 부너   이데아, 다르 누   끄레드 꺼 뿌뗌   거씨 운 떼렌 데
        tenis liber.
        떼니스 리베르.

테니스장은 걱정하지마. 내가 그저께 예약해 두었거든.

Alex: **N-ai grijă pentru teren. Am făcut rezervare deja de**
알렉스: 나이 그리져 뻰뜨루   떼렌.   암 퍼꾸뜨 레제르바레   데자 데
        alaltăieri.
        알랄떠이예리.

그래? 어디?

Bogdan: **Da? Unde?**
보그단: 다?   운데?

헤러스트러우 공원에. 우리가 전에 경기했던 곳.

Alex: **În Parcul Herăstrău. Unde jucam noi înainte.**
알렉스: 은 빠르꿀   헤러스뜨러우.   운데   주깜   노이 으나인떼.

부쿠레슈티에서 가장 좋은 테니스장이야
E cel mai bun teren de tenis din Bucureşti.
예 첼 마이 분   떼렌 데 떼니스 딘   부꾸레슈띠.

맞어. 좋아 그럼 몇 시에 볼까?
Bogdan: Aşa e. Bine atunci la ce ora ne vedem?
보그단: 아샤 예. 비네 아뚠치 라 체 오라 네 베뎀?

두 시면 어때?
Alex: La ora două e bine?
알렉스: 라 오라 도우어 예 비네?

좋아
Bogdan: Bine.
보그단: 비네

대화 3 수영에 관련된 대화

아들: 아빠, 수영할 줄 알어?
Fiul: Tăticu, ştii să înoţi?
피울: 떠띠꾸, 슈띠 써 으노찌?

아빠: 물론이지. 내가 젊었을 때는 좋은 수영 선수였단다.
Tatăl: Sigur că da. Eram un bun înotător când eram tânăr.
따떨: 씨구르 꺼 다. 예람 운 분 으노떠또르 끈드 예람 뜨너르.

아들: 그럼 나 가르쳐줄 수 있어?
Fiul : Atunci poţi să mă înveţi?
피울: 아뚠치 뿟띠 써 머 은베찌?

아빠: 당연하지. 하지만 아직 물이 너무 차다.
Tatăl: Sigur. Dar apa este prea rece încă.
따떨: 씨구르. 다르 아빠 에스떼 쁘레아 레체 은꺼.

날씨가 더 따뜻해지면 널 가르쳐주마.
Când devine vremea mai caldă te învăţ.
끈드 데비네 브레메아 마이 깔더 떼 은버쯔.

약속할께.
Ai cuvântul meu.
아이 꾸븐뚤 메우.

 # 레저&취미 : 홈 엔터테인먼트, 영화, 공연, 여행

3.1 홈 엔터테인먼트

▷ **기본 어휘**

- 텔레비전
  Televizor
  뗄레비조르

- 라디오
  Radio
  라디오

- 비디오플레이어
  Videocasetofon
  비데오까쎄또폰

- 비디오카메라
  Videocameră
  비데오까메러

- 파라볼라 안테나
  Antena parabolică
  안떼나   빠라볼리꺼

- 컴팩트 디스크
  Compact disc
  꼼빡뜨   디스크

- 카세트
  Casetă
  까쎄떠

- 비디오카세트
  Videocasetă
  비데오까쎄떠

- 헤드폰
  Cască
  까스꺼

- 채널
  Canal
  까날

- 리모콘
  Telecomandă
  뗄레꼬만더

- 스피커
  Difuzor
  디푸조르

- 비디오 게임
  Joc video
  족   비데오

- 멜로드라마
  Telenovelă
  뗄레노벨러

- 연속극
  Serial
  쎄리알

▷ 기본 표현

- 텔레비전 좀 틀어 볼 래.
  Te rog, să deschizi televizorul.
  떼 록,   써 데스끼지   뗄레비조룰.

- 난 텔레비전을 시청하고 싶다.
  Vreau să mă uit la televizor.
  브레아우 서 머 우이뜨 라 뗄레비죠르.

- 오늘 저녁 B 채널에서 한국 드라마가 상영된다.
  Astă seară rulează drama coreeană la canal B.
  아스떠 쎄아러 룰레아져 드라마 꼬레아너 라 까날 베.

- 텔레비전 소리 좀 낮춰 줄래?
  Vrei să dai mai încet puțin televizorul?
  브레이 써 다이 마이 은체뜨 뿌찐 뗄레비죠룰?

- 오늘 저녁에 텔레비전에서 뭐하니?
  Ce este la televizor astă seară?
  체 예스떼 라 뗄레비죠르 아스떠 쎄아러?

- 8시 뉴스 후에 미국 영화가 상영될 것이다.
  După știrile de la ora 8 va rula un film american.
  두뻐 슈띠릴레 데 라 오라 옵뜨 바 룰라 운 필름 아메리깐.

- 방송은 아주 흥미로웠다.
  Emisiunea a fost foarte interesantă.
  에미씨우네아 아 포스뜨 포아르떼 인떼레싼떠.

- 너 디지털 텔레비전이 있니?
  Ai televizor digital?
  아이 뗄레비죠르 디지딸?

- 너 어떤 프로그램 듣니?
  Ce program asculți?
  체 쁘로그람 아스꿀찌?

- 난 클래식 음악 듣기를 아주 좋아한다.
  Îmi place foarte mult să ascult muzică clasică.
  음 쁠라체 포아르떼 물뜨 써 아스꿀뜨 무지꺼 끌라씨꺼.

너 어제 떼베르 1번 방송 봤니? 한국에 대한 다큐멘터리 영
화가 방송되었어.

Ana: Te ai uitat aseara la TVR 1 ? A fost un film
아나: 　떼 아이 우이따뜨 아쎄아라 라 떼베르 우누? 아 포스뜨 운 필름

documentar despre Coreea.
도꾸멘따르　데스프레 꼬레아.

떼베르 1번의 팀이 한국의 다양한 장소를 촬영했어.

Echipa de la TRV 1 a filmat diverse locuri din
에끼빠　데 라 떼베르 우누 아 필마뜨　디베르쎄　로꾸리　딘

Coreea.
꼬레아.

아니. 안봤는데. 어땠어?

Bogdan: Nu. Nu m-am uitat. Cum a fost?
보그단: 　누. 누 맘　우이따뜨. 꿈　아 포스뜨?

아주 재미있었고 한국에 대해서 많은 것을 새로 배웠어.

Ana: A fost foarte interesant şi am învăţat multe
아나: 　아 포스뜨 포아르떼 인떼레싼뜨　쉬 암 은버짜뜨　물떼

lucruri noi despre Coreea.
루크루리 노이 데스쁘레　꼬레아.

정말 속상하네. 한국에 대해서 배울 좋은 기회를 놓쳤네.

Bogdan: Îmi pare foarte rău. Am ratat o şansă bună să învăţ
보그단: 　음　빠레 포아르떼 러우. 암　라땃　오 샨써　부너　써 은버쯔

despre Coreea.
데스쁘레 꼬레아.

걱정마. 내일 저녁에 재방송 될거야.

Ana: N-ai grijă. Va fi în reluare mâine seară.
아나: 　나이 그리져. 바 피 은 렐루아레　므이네　쎄아러.

정말 다행이네. 정보 고마워.

Bogdan: Ce bine. Mersi pentru informaţii.
보그단: 　체　비네.　메르씨　쁜뜨루　인포르마찌.

천만에. 한국어를 공부하는 동료들에게도 알려줄거야.

Ana: Cu plăcere. O să le dau informaţii şi colegilor care
아나: 꾸 쁠러체레. 오 써 레 다우 안포르마찌 쉬 꼴레질로르 까레

învaţă limba coreeană.
은바쩌 림바 꼬레에아너.

3.2 영화, 공연

▷ **기본 어휘**

- 영화관
  Cinema
  치네마

- 영화
  Film
  필므

- 코메디
  Comedie
  꼬메디에

- 비극
  Tragedie
  뜨라제디에

- 로맨틱 코메디
  Comedie romantică
  꼬메디에 로만띠꺼

- 공포영화
  Thriller
  쓰릴러

- 공상과학영화
  Film SF
  필므 에스에프

레저&취미∶홈 엔터테인먼트·영화·공연·여행

- 모험영화
  Film de aventură
  필므 데 아벤뚜러

- 만화영화
  Film de animaţie
  필므 데 아니마찌에

- 다큐멘터리 영화
  Film documentar
  필므 도꾸멘따르

- 예술영화
  Film artistic
  필므 아르띠스띡

- 매표소
  Casă de bilete
  까써 데 빌레떼

- 극장
  Teatru
  떼아뜨루

- 커튼
  Cortină
  꼬르띠너

- 발코니
  Balcon
  발꼰

- 일등석
  Stal
  스딸

- 박스석
  Lojă
  로저

Thema IV

레저&취미::홈 엔터테인먼트·영화·공연·여행

- 작품
  Piesă
  삐에써

- 배우
  Actor
  악또르

- 여배우
  Actriţă
  악뜨리쩌

- 감독
  Regizor
  레지죠르

- 제작자
  Producător
  쁘로두꺼또르

- 초연
  Premieră
  쁘레미에러

- 휴식시간
  Pauză
  빠우저

- 오케스트라 피트석
  Fosa orchestrei
  포싸   오르께스뜨레이

- 클래식 음악
  Muzică clasică
  무지꺼   끌라씨꺼

- 경음악
  Muzică uşoară
  무지꺼   우쇼아러

- 민속음악
Muzică populară
무지꺼   뽀뿔라러

- 앵콜
Bis
비스

- 발레
Balet
발렛

- 오페라
Operă
오뻬러

- 소규모 오페라
Operetă
오뻬레떠

- 박수
Aplauze
아쁠라우제

- 댄스
Dans
단스

- 옷 보관소
Garderobă
가르데로버

- 대중
Public
뿌블릭

- 관객
Auditoriu
아우디또리우

- 리허설
  Repetiție
  레뻬띠찌에

- 공연
  Spectacol
  스뻭따꼴

- 아코디언
  Acordeon
  아꼬르데온

- 아리아
  Arie
  아리에

- 지휘봉
  Baghetă
  바게떠

- 코러스
  Coral
  꼬랄

- 독주
  Solo
  쏠로

- 독주
  Solistică
  쏠리스띠꺼

- 바이올린
  Vioară
  비오아러

- 피아노
  Pian
  삐안

Thema **Ⅳ**

레저&취미 : 홈 엔터테인먼트 · 영화 · 공연 · 여행

- 가수
  Cântăreţ
  끈떠레쯔

- 클라리넷
  Clarinet
  끌라리네뜨

- 콘써트
  Concert
  꼰체르뜨

- 코러스
  Cor
  꼬르

- 4중주
  Cvartet
  꾸바르떼뜨

- 지휘자
  Dirijor
  디리조르

- 바쑨
  Fagot
  파고뜨

- 플룻
  Flaut
  플라우뜨

- 기타
  Chitară
  끼따러

- 멜로디
  Melodie
  멜로디에

- 오르간
  Orgă
  오르거

▷ 기본 표현

- 너희들 내일 저녁에 우리와 극장에 갈래?
  Vreţi să veniţi cu noi la teatru mâine seara?
  브레찌 써 베니찌 꾸 노이 라 떼아뜨루 므이네 세아라?

- 난 코메디를 보았으면 해.
  Aş prefera să văd o comedie.
  아쉬 쁘레페라 써 버드 오 꼬메디에.

- 어떤 종류의 자리를 선호하니? 일등석 아니면 박스석?
  Ce fel de loc preferi? La stal sau la lojă?
  체 펠 데 록 쁘레페리? 라 스딸 싸우 라 로져?

- 내일 발코니석 두 자리를 예약할 수 있나요?
  Pot să fac rezervare pentru două locuri la balcon pentru
  뽀뜨 써 팍 레제르바레 뻰뜨루 도우어 록꾸리 라 발꼰 뻰뜨루
  mâine?
  므이네?

- 오늘 극장은 문을 닫습니다.
  Astăzi teatrul este închis.
  아스떠지 떼아뜨룰 예스떼 은끼스.

- 네가 일등석에 자리 다섯개를 예약해 줄 수 있니?
  Poţi să ne rezervi cinci locuri la stal?
  뽓찌 써 네 레제르비 친치 록꾸리 라 쓰딸?

- 옷 보관소는 출입구 옆에 있다. 극장에 들어가면 바로 보일 것이다.
  Garderoba este lângă intrare. O să vezi imediat după ce
  가르데로바 예스떼 릉거 인뜨라레. 오 써 베지 이메디앗 두뻐 체
  intri în teatru.
  인뜨리 은 떼아뜨루.

• 휴식시간이 끝났다. 우리 자리로 돌아가자.
S-a terminat pauza. Hai să ne întoarcem la locuri.
싸 떼르미나뜨 빠우자. 하이 써 네 은또아르쳄 라 록꾸리.

• 누가 주연을 맡았니?
Cine joacă rolul principal?
치네 조아꺼 롤룰 쁘린치빨?

• 오늘 국립극장에서 "잃어버린 편지"의 초연이 있다.
Astăzi va avea loc premiera piesei "O scrisoare
아스떠지 바 아베아 록 쁘레미에라 삐에쎄이 "오 스크리쏘아레
pierdută" la Teatrul Naţional.
삐에르두떠" 라 떼아뜨룰 나찌오날.

• 이 영화는 러시아 버전이다.
Filmul acesta este versiunea rusească.
필물 아체스타 예스떼 베르씨우네아 루쎄아스꺼.

• 넌 어떤 종류의 음악을 좋아하니?
Ce fel de muzică îţi place?
체 펠 데 무지꺼 으찌 쁠라체?

• 그는 민속음악을 좋아한다. 하루 종일 민속음악만 듣고 있다.
Îi place muzica populară. Toată ziua ascultă numai
으이 쁠라체 무지까 뽀쁠라러. 또아떠 지우아 아스꿀떠 누마이
muzică populară.
무지꺼 뽀쁠라러.

• 관현악단은 에네스쿠의 지휘를 받을 것이다.
Orchestra simfonică va fi dirijată de domnul Enescu.
오르께스뜨라 심포니꺼 바 피 디리자떠 데 돔눌 에네스쿠.

고객: 안녕하세요, 일등석에 두 자리 부탁합니다.
Client: **Bună ziua, vreau două bilete la stal.**
끌리엔드: 부너 지우아, 브레아우 도우어 빌레떼 라 스딸.

매표소: 죄송합니다만, 일등석에 자리가 없습니다, 모든 표가
             팔렸습니다.
Casa de bilet: **Îmi pare rău, nu mai avem bilete la stal, s-au**
까싸 데 빌레뜨: 음 빠레 러우, 누 마이 아벰   빌레떼 라 스딸, 싸우
             vândut toate.
             븐두뜨   또아떼.

고객: 그렇다면 발코니석에는 표가 있나요?
Client: **Atunci la balcon aveţi bilete?**
끌리엔드: 아뚠치   라 발꼰   아베찌 빌레떼?

매표소: 네, 발코니석에 10 자리 더 있어요.
Casa de bilet: **Da, la balcon mai avem zece bilete.**
까싸 데 빌레뜨: 다, 라 발꼰   마이 아벰   제체 빌레떼.

고객: 두 자리 주세요. 얼마에요?
Client: **Daţi-mi două locuri. Cât costă?**
끌리엔드: 다찜   도우어 로꾸리. 꿋 꼬스떠?

매표소: 30론 입니다.
Casa de bilet: **Trei zeci de ron vă rog.**
까싸 데 빌레뜨: 뜨레이 제치 데 론   버 록.

고객: 여기 있습니다.
Client: **Poftiţi.**
끌리엔드: 뽀프띠찌.

매표소: 감사합니다.
Casa de bilet: **Mulţumesc.**
까싸 데 빌레뜨: 물쭈메스끄

▷ 기본 어휘

- 여행객
  Turist
  뚜리스뜨

- 여행경로
  Itinerar
  이띠네라르

- 가이드
  Ghid
  기드

- 단체 여행
  Tur organizat
  뚜르 오르가니자뜨

- 정주형 여행
  Sejur
  쎄주르

- 하프보드(아침, 저녁 식사 포함)
  Demipensiune
  데미뻰씨우네

- 전일정 식사 포함
  All inclusive
  올 인클루시브

- 기념품
  Suvenir
  쑤베니르

- 기념품
  Monument
  모누멘뜨

Thema Ⅳ
레저&취미 : 홈 엔터테인먼트 · 영화 · 공연 · 여행

- 역사적 장소
Loc istoric
록　　이스또릭

- 박물관
Muzeu
무제우

- 카지노
Cazinou
까지노우

- 숙박
Cazare
까자레

- 캠핑
Camping
깜핑

- 휴가 여행
Concediu de odihnă
꼰체디우　　데　오디흐너

- 경관
Peisaj
뻬이싸즈

- 예약
Rezervaţie
레제르바찌에

- 운송
Transport
뜨란스뽀르뜨

- 관광지
Zonă turistică
조너　　뚜리스띠꺼

레저&취미 : 홈 엔터테인먼트 · 영화 · 공연 · 여행

- 역사적 지역
  ## Zona istorică
  조나   이스또리꺼

- 야생지역
  ## Zona sălbatică
  조나   썰바띠꺼

- 산악지역
  ## Zona montană
  조나   몬따너

▷ **기본 표현**

- 휴가를 학수고대 한다.
  ## Aştept nerăbdător să vină vacanţa.
  아슈뗍뜨 네러브더또르   써 비너 바깐짜.

- 넌 휴가 계획을 세웠니?
  ## Ai făcut planuri pentru vacanţă?
  아 퍼꾸뜨 쁠라누리   뻰뜨루   바깐쩌?

- 넌 방학에 무슨 계획을 가지고 있니?
  ## Ce planuri ai pentru vacanţă?
  체   쁠라누리   아이 뻰뜨루   바깐쩌?

- 난 다양한 지역들을 방문하면서 시간을 보내는 것을 좋아해.
  ## Îmi place să-mi petrec timpul vizitând diverse locuri.
  음   쁠라체   썸   뻬뜨렉   띰쁠   비지뜬드   디베르쎄 로꾸리.

- 오늘 저녁에 소피아로 가는 비행기가 몇시에 있습니까?
  ## La ce ora zboară avionul spre Sofia în această seară?
  라 체 오라 즈보아러 아비오눌   스프레 쏘피아 은 아체아스떠 쎄아러?

- 오늘 저녁 부쿠레시티로 향하는 기차가 몇 시에 있나요?
  ## La ce oră pleacă trenul spre Bucureşti disear?
  라 체 오러 쁠레아꺼 뜨레눌   스프레 부꾸레슈띠   디쎄아러?

• 브라쇼브까지 305번 열차 일등석 표 두 장을 부탁합니다.
Vreau două bilete până la Braşov la clasa întâi pentru
브레아우 도우어 빌레떼 쁘너 라 브라쇼브 라 끌라싸 은뜨이 뻰뜨루
trenul nr. 305.
뜨레눌 누머르 뜨레이수떼 친치.

• 난 잘 알려지지 않은 지역을 여행하는 것을 좋아한다.
Îmi place să călătoresc în zone necunoscute.
음 쁠라체 써 껄러또레스크 은 조네 네꾸노스꾸떼.

• 넌 야생의 지역을 여행하는 것을 좋아하니?
Îţi place să călătoreşti în zona sălbatică?
으찌 쁠라체 써 껄러또레슈띠 은 조나 썰바띠꺼?

• 나는 런던, 파리 등 잘 알려진 도시를 여행하는 것을 좋아해.
Îmi place să vizitez oraşe faimoase ca Londra, Paris etc.
음 쁠라체 써 비지떼즈 오라셰 파이모아쎄 까 론드라, 빠리스 에체떼라.

• 헨리 코안다 공항에서 인터콘티넨탈 호텔까지 어떻게 갈 수 있나요?
Cum pot să ajung de la aeroportul Henri Coanda până la
꿈 쁘뜨 써 아중 데 라 아에로쁘르뚤 헨리 꼬안다 쁘너 라
Hotelul Intercontinental?
호뗄룰   인떼르꼰띠넨딸?

• 난 마라무레슈 지역을 방문할 계획이 있다.
Am de gând să vizitez zona Maramureş.
암 데 근드 써 비지떼즈 조나 마라무레슈.

• 난 '즐거운 묘지'에 관심이 있다.
Mă interesează "Cimitrul Vesel".
머 인떼레쎄아저   치미뜨룰 베쎌.

• 시나이아 인터내셔널 호텔에서의 12월 31일 밤을 위한 특별한 제안
Oferta specială de revelion la Hotelul International Sinaia.
오페르따 스페치알러 데 레벨리온 라 호뗄룰   인터내셔널   씨나이아.

• 당신께 특별한 조건의 단체여행을 제안합니다.
Vă oferim tur organizat în condiţii speciale.
버 오페림 뚜르 오르가니짜뜨 은 꼰디찌 스페치알레.

- 콘스탄차로 가는 길을 저희에게 알려주실 수 있나요?
  Puteţi să ne arătaţi drumul spre Constanţa?
  뿌떼찌 써 네 아러따찌 드룸물 스프레 꼰스딴자?

- 우리는 지금 길을 헤매고 있습니다. 당신은 어디 계신가요?
  Ne rătăcim. Unde sunteţi?
  네 러떠침. 운데 쑨떼찌?

- 저희는 트윈 베드룸 하나가 필요합니다. 도와주실 수 있나요?
  Ne trebuie o cameră cu două paturi. Puteţi să ne ajutaţi?
  네 뜨레부이에 오 까메러 꾸 두오어 빠뚜리. 뿌떼찌 써 네 아주따찌?

- 12월 31일 밤을 위해서 어디를 우리에게 추천하시나요?
  Unde ne recomandaţi să mergem de revelion?
  운데 네 레꼬만다찌 써 메르젬 데 레벨리온?

- 우리 여행사는 여행써비스에 관련된 모든 상품을 가지고 있습니다.
  Agenţia noastră de turism vă oferă întreaga gamă de
  아젠찌아 노아스뜨러 데 뚜리즘 버 오페러 은뜨레아가 가머 데
  servicii turistice.
  쎄르비치 뚜리스띠체.

- 죄송하지만, 어떤 것이 시나이아로 가는 길입니까?
  Nu vă supăraţi, care este drumul spre Sinaia?
  누 버 쑤뻐라찌, 까레 예스떼 드루물 스프레 씨나이아?

- 죄송하지만, 국립극장에 어떻게 도달할 수 있나요?
  Scuzaţi-mă, cum pot să ajung la Teatrul Naţional?
  스꾸자찌 머 꿈 뽀뜨 써 아중 라 떼아뜨룰 나찌오날?

- 앞으로 똑바로 가세요 그리고 첫번째 사거리에서 왼쪽으로 가세요.
  Mergeţi drept înainte şi faceţi stânga la prima intersecţie.
  메르제찌 드렙뜨 으나인떼 쉬 파체찌 스뜬가 라 쁘리마 인떼르쎅찌에.

- 다리 하나를 건너시고나면 바로 흰색 집을 보실 것입니다.
  Traversaţi un pod după aceea imediat o să vedeţi o casă albă.
  뜨라베르싸찌 운 뽀드 두뻐 아체에아 이메디아뜨 오 써 베데찌 오 까써 알버.

- 그곳에서 우회전 하세요.
  De acolo faceţi dreapta.
  데 아꼴로 파체찌 드레압따.

- 죄송하지만, 여기 근처에 우체국이 있나요?
  Fiţi amabilă, este vreo poştă prin preajmă?
  피찌 아마빌러 예스떼 브레오 뽀슈떠 쁘린 쁘레아즈머?

- 우리에게 어디에 인터콘티넨탈 호텔이 있는지 지도에 가리켜 주실 수 있나요?
  Puteţi să ne arătaţi unde este Hotelul Intercontinental pe
  뿌떼찌 써 네 아러따찌 운데 예스떼 호뗄룰 인떼르꼰띠넨딸 뻬
  hartă?
  하르떠?

- 우린 몇 가지 쇼핑을 하고 싶습니다. 부쿠레슈티에서 가장 큰 몰이 어디에 있나요?
  Vrem să facem nişte cumpărături. Unde este mall-ul cel
  브렘 써 파쳄 니슈떼 꿈뻐러뚜리. 운데 예스떼 몰룰 첼
  mai mare din Bucureşti?
  마이 마레 딘 부쿠레슈띠?

- 전형적인 루마니아 기념품을 어디에서 살 수 있나요?
  De unde pot să cumpăr un suvenir specific românesc?
  데 운데 뽀뜨 써 꿈뻐르 운 쑤베니르 스뻬치픽 로므네스크?

- 몇 시까지 국립 미술관이 열려 있는지 알고 싶습니다.
  Vreau să ştiu până la ce oră este deschis Muzeul
  브레아우 써 슈띠우 쁘너 라 체 오러 예스떼 데스끼스 두제울
  Naţional
  나찌오날
  de Artă.
  데 아르떠?

- 오후에 우리는 헤러스트러우 공원을 산책하러 나갈 것입니다.
  După masă, vom merge la o plimbare prin parcul
  두뻐 마써, 봄 메르제 라 오 쁠림바레 쁘린 빠르꿀
  Herăstrău.
  헤러스뜨러우.

• 교회 내부에서 사진을 찍을 수 있나요?
Pot să fac fotografii în interiorul bisericii?
뽀뜨 써 팍 포또그라피 은 인떼리오룰 비쎄리치?

• 입장료가 얼마입니까?
Cât este taxa de intrare?
꿋 예스떼 딱써 데 인뜨라레?

대화 여행사에 시티투어에 대한 문의 내용

고객: 저녁 시티투어도 있나요?
Client: **Organizaţi şi tururi de seară ale oraşului?**
끌리엔뜨: 오르가니자찌 쉬 뚜루리 데 쎄아러 알레 오라슐루이?

여행사: 네. 세 개의 코스 가운데 하나를 선택하실 수 있습니다.
Agenţia de turism: **Da. Puteţi alege una din cele trei curse.**
아젠찌아 데 뚜리즘: 다. 뿌떼찌 알레제 우나 딘 첼레 뜨레이 꾸르쎄.

고객: 도시 중심부를 도는 투어가 얼마나 걸리나요?
Client: **Cât timp va dura pentru un tur prin centrul**
끌리엔뜨: 꿋 띰쁘 바 두라 뻰뜨루 운 뚜르 쁘린 첸뜨룰
oraşului?
오라슐루이?

여행사: 대략 한 시간 정도 걸립니다.
Agenţia de turism: **Cam o oră.**
아젠찌아 데 뚜리즘: 깜 오 오러.

이 투어는 거의 대부분의 유적지와 유명한 장소를 지나갑니다.
Acest tur include cam toate locurile
아체스뜨 뚜르 인끌루데 깜 또아떼 로꾸릴레
istorice şi faimoase.
이스또리체 쉬 파이모아쎄.

그렇다면 우리는 도시중심을 지나가는 코스를 선택하겠습니다.

Client: Atunci, noi alegem cursa prin centrul oraşului.

끌리엔뜨: 아뚠치 노이 알레젬 꾸르싸 쁘린 첸뜨룰 오라슐루이.

Cât costă?

꼿 꼬스떠?

여행사: 일인당 20론 입니다.

Agenţia de turism: 20 de ron pentru fiecare persoană.

아젠찌아 데 뚜리즘: 도우어제치 데 론 뻰뜨루 피에까레 뻬르쏘아너.

 **04** 명절&방학: 부활절,
크리스마스, 방학

▷ 기본 어휘

- 명절
  Sărbătoare
  써르버또아레

- 풍습
  Obiceiuri
  오비체이우리

- 부활절
  Paşti
  빠슈띠

- 붉은 달걀 (부활절 달걀)
  Ouă roşii
  오우어 로쉬

- 꼬조낙 (부활절에 먹는 빵)
  Cozonac
  꼬조낙

- 크리스마스
  Crăciun
  끄러치운

- 크리스마스 트리
  Pomul de Crăciun
  뽀물   데 끄러치운

- 싼타할아버지
  Moş Crăciun
  모슈　끄러치운

- 니꼴라에 할아버지 (12월 5일에 찾아오는 싼타 할아버지와 같은 존재)
  Moş Nicolae
  모슈　니꼴라에

- 크리스마스 이브
  Ajunul crăciunului
  아주눌　끄러치우눌루이

- 크리스마스 캐롤
  Colindele de Crăciun
  꼴린델레　데　끄러치운

- 머르치쇼르의 날
  Ziua Mărţişorului
  지우와 머르찌쇼룰루이

- 노동절
  Unu mai
  우누 마이

- 어린이의 날
  Ziua copilului
  지우아 꼬삘룰루이

- 여성의 날
  Ziua femeii
  지우아 페메이

- 여름 방학
  Vacanţă de vară
  바깐짜　데　바러

- 겨울 방학
  Vacanţă de iarnă
  바깐짜　데　이아르너

▶ 기본 표현

• 나는 여름방학이 오길 기다리고 있어. 힘든 일 후에는 우리에게 휴식이 필요해.

Aştept să vină vacanţa de vară. După munca grea ne
아슈뗍뜨 써 비너 바깐짜 데 바러. 두뻐 문까 그레아 네

trebuie si odihnă.
뜨레부이에 오디흐너.

• 며칠만 있으면 여름 방학이다.

Mai sunt câteva zile până la vacanţa de vară.
마이 쑨뜨 끄떼바 질레 쁘너 라 바깐짜 데 바러.

• 이번 여름 방학에 뭐 할 거니? 집으로 가니 아니면 부쿠레슈티에 머물거니?

Ce vei face în vacanţa aceasta de vară? Pleci acasă sau
체 베이 파체 은 바깐짜 아체아스따 데 바러? 쁠레치 아까써 싸우

rămâi în Bucureşti?
러므이 은 부꾸레슈띠?

• 내일 아침 나는 여행사에 가서 시나이아에 숙박을 예약할 것이다.

Mâine dimineaţă o să merg la agenţia de turism să
므이네 디미네아쩌 오 써 메르그 라 아젠찌아 데 뚜리즘 써

rezerv cazare la Sinaia.
레제르브 까자레 라 씨나이아.

• 넌 네 여자친구 크리스마스 선물을 준비했니?

Ai pregătit cadou de Crăciun pentru prietena ta?
아이 쁘레거띠뜨 까도우 데 끄러치운 뻰뜨루 쁘리에떼나 따?

• 내일은 어린이 날이다. 당신은 당신의 아이들에게 어떤 선물을 준비했습니까?

Mâine este ziua copilului. Ce cadouri aţi pregătit pentru
므이네 예스떼 지우아 꼬삘룰루이. 체 까도우리 아찌 쁘레거띠뜨 뻰뜨루

copiii dumneavoastră?
꼬삐 둠네아보아스뜨러?

- 어디서 이 크리스마스 트리를 구매했니?
  De unde ai cumpărat acest pom de Crăciun?
  데 운데 아이 꿈뻐라뜨 아체스뜨 뽐 데 끄러치운?

- 어디에서 넌 크리스마스를 보낼것이니?
  Unde îţi vei petrece Crăciunul?
  운데 이찌 베이 뻬뜨레체 끄러치운눌?

- 당신은 겨울 방학에 루마니아에 계실 것입니까?
  O să fiţi în România în vacanţa de iarnă?
  오 써 피찌 은 로므니아 은 바깐짜 데 이아르너?

- 가족과 함께 크리스마스를 보내기 위해서 우리는 루마니아에서 떠날 것입니다.
  Vom pleca din România ca să petrec Crăciunul cu
  봄 쁠레까 딘 로므니아 까 써 뻬뜨렉 끄러치우눌 꾸
  familia.
  파밀리아.

- 즐거운 명절이 되길!
  Sărbători fericite!
  써르버또리 페리치떼!

- 즐거운 한 해가 되길!
  Anul nou fericit!
  아눌 노우 페리치뜨!

- 행복한 새해가 되길!
  La mulţi ani!
  라 물찌 아니!

- 당신에게 즐거운 크리스마스가 되길 기원합니다.
  Crăciun fericit vă doresc!
  끄러치운 페레치뜨 버 도레스크

- 당신에게 즐거운 12월 31일이 되길 기원합니다.
  Vă urez revelion fericit!
  버 우레즈 레벨리온 페리치뜨!

- 우리는 당신의 즐거운 방학을 기원합니다.
  Vacanţă plăcută vă dorim!
  바깐쩌   쁠러꾸떠   버 도림!

- 즐거운 여행되세요!
  Drum bun!
  드룸   분!

대화1   니꼴라에 할아버지가 선물을 주는 풍습과 관련된 대화

니꼴라에 할아버지가 너에게 무엇을 주었니?
Ana: **Ce ţi-a adus Moş Nicolae?**
아나: 체 찌아 아두스 모슈   니꼴라에?

니꼴라에 할아버지가 누군데?
Kim: **Cine este Moş Nicolae?**
김: 치네   예스떼 모슈   니꼴라에?

니꼴라에 할아버지는 집에 선물을 가져다 주는 존재야.
Ana: **Moş Nicolae este o fiinţă care aduce cadouri**
아나: 모슈 니꼴라에   예스떼 오 핀쩌   까레   아두체   까도우리
   acasă.
   아까써.

난 아무것도 받지못했는데. 나에게 아무도 아무것도 주지
않았어.
Kim: **N-am primit nimic. Nimeni nu mi-a dat nimic.**
김: 남   쁘리미뜨 니믹.   니메니   누 미 아 다뜨 니믹.

이런 불쌍한 사람이 있나!
Ana: **Săracul de tine!**
아나: 써라꿀   데   띠네!

3일 후면 겨울 방학이 시작된다. 너희들은 12월 31일을 위한 어떤 계획을 가지고 있니?

Ana: După trei zile va începe vacanța de iarnă.
아나: 두뻐 뜨레이 질레 바 은체뻬 바깐짜 데 이아르너.

Ce planuri aveți pentru revelion?
체 쁠라누리 아베찌 뻰뜨루 레벨리온?

나는 쁘레데알로 떠나서 거기서 12월 31일까지 머무를 예정이야.

Eva: Voi pleca la Predeal şi voi rămâne acolo până la
에바: 보이 쁠레까 라 쁘레데알 쉬 보이 러므네 아꼴로 쁘너 라

revelion.
레벨리온.

나도 부모님과 같이 있기 위해서 브라쇼브로 떠날 예정이야.

Corina: Şi eu voi pleca la Braşov să stau cu părinții mei.
꼬리나: 쉬 예우 보이 쁠레까 라 브랴쇼브 써 스따우 꾸 뻐린찌 메이.

그럼 우리가 프레데알이나 브라쇼브 어딘가에서 한번 만날 시간이 있겠다.

Ana: Atunci avem timp să ne întâlnim într-o zi undeva
아나: 아뚠치 아벰 띰쁘 써 네 은뜰님 은뜨로 지 운데바

la Predeal sau la Braşov.
라 쁘레데알 싸우 라 브라쇼브.

왜냐하면 나도 프레데알로 떠날 예정이거든.
Pentru că voi pleca şi eu la Predeal.
뻰뜨루 꺼 보이 쁠레까 쉬 예우 라 쁘레데알.

우리 부모님은 전 가족이 프레데알의 한 펜션에서 시간을 보내기로 결정하셨어.
Părinții mei au decis să petrecem împreună cu
뻐린찌 메이 아우 데치스 써 뻬뜨레쳄 음쁘레우너 꾸

toată familia la o pensiune din Predeal.
또아떠 파밀리아 라 오 뻰씨우네 딘 쁘레데알.

Thema **IV**

명절 & 방학 :: 부활절 · 크리스마스 · 방학

나의 아버지의 친구분 한 명이 거기에 펜션을 가지고 계셔.

Un prieten de al tatălui meu are pensiune acolo.

운 쁘리에뗀 데 알 따떨루이 메우 아레 뻰씨우네 아꼴로.

좋은 생각같아. 스키도 같이 탈 수 있겠다.

Eva:　Sună bine. Putem şi schia împreună.

에바:　쑤너　비네. 뿌뗌　스끼아 음쁘레우너.

아니면 브라쇼브 시내를 산책할 수도 있겠다.

Corina:　Sau să ne plimbăm prin centrul Braşovului.

꼬리나:　싸우 써 네 쁠림범　쁘린 첸뜨룰　브라쇼불루이.